KB269835

말이
세상을
아프게 한다

말이 세상을 아프게 한다

차별과 편견을 허무는
평등한 언어 사용 설명서

오승현 지음

살림Friends

말 속의 숨은 뜻을 들여다볼까요?

내 언어 능력의 한계가 곧 내 세계의 한계다.

비트겐슈타인이 한 말입니다. 우리는 같은 세계에 존재하지만, 각자의 언어를 통해 다른 세계를 만납니다. 모두가 같은 세계에 존재하는 것 같아도, 각자가 자기 언어의 한계 속에서 세계를 만날 뿐이죠. 그러므로 나의 세계와 너의 세계는 같지 않습니다. 이 책은 말을 다루고 있는 듯하지만, 근본적으로는 당신의 세계를 겨냥하고 있습니다. 당신의 언어에 갇힌 그 세계 말입니다.

저는 언어학자는 아닙니다. 그러나 말은 언제나 제 관심사였습니다. 무수한 말 가운데 유독 제 눈길을 끌었던 것은 바로 소수자를 둘러싼 말이었습니다. 이 사회에서 소수자의 설움을 받으며 살아온 건 아니지만, 제게도 얼마간 소수자의 상처가 있습니다. 잠깐 동안이지만, 초등학교 시절에 겪은 왕따 경험이 제 의식에 남아 있는 탓입니다. 그 경험이 제가 소수자 문제와 인권 문제에 관심을 갖게 만든 뿌리입니다.

말은 한 자루 칼이 되어 사람을 벱니다. 칼이 되어 베기도 하고, 더러 비수가 되어 가슴에 꽂히기도 하죠. 살다 보면 누구나 그런 일을 겪습니다. 다만 소수자들이 그런 경험을 더 자주, 더 강도 높게 할 뿐이죠. 우리를 심연으로 밀어 넣는 말들, 우리 가슴에 커다란 구멍을 내는 말들, 그리하여 끝내 품을 수 없는 말들, 그 말들 안쪽으로 깊숙이 비판의 촉수를 밀어 넣으려 합니다. 이를 통해 말들의 그늘, 즉 말들 아래 놓인 '인식론적 조건'을 들춰 보려 합니다. 인식론적 조건이란 그 위에서 세상을 보는 시각이 마름질되어 나오는 틀입니다.

일상에서 무심히 사용하는 말을 길잡이 삼아 사회적 약자의 그늘과 한국 사회의 뿌리를 더듬어 보겠습니다. 소수자의 시선에서 말 뒤에 감춰진 편견의 얼굴을 낱낱이 드러낼 것입니다. 말의 안쪽을 들여다보면서 말의 풍경이 드리우는 인식의 그늘을 돌아보는 것이죠. 그저 상식의 차원에서 우리가 사용하는 말이 우리의 생각에 드리우는 그늘을 톺아 보려 합니다. 거창한 논리나 이론이 아니라 지극히 상식적인 논리로 우리 안에 내재한 몰상식을 까발리겠습니다. 그리하여 상식의 논리로 일상의 언어에 깃든 몰상식의 얼굴을 속속들이 들춰낼 겁니다. 언어가 쳐 놓은 몰상식의 거미줄을 조금이라도 거둬 낼 수 있기를 바랄 뿐입니다.

말들에 드리워진 그늘은 결국 현실에 드리워진 그늘의 결과겠지요? 현실이 그늘졌기에 그 그늘이 어느새 말에 옮겨 붙은 것일 테니까요. 말들의 그늘을 거둔다고 현실의 그늘이 죄다 걷히지는 않겠지만, 말들의 그늘을 거두는 일이 미약하나마 현실의 그늘을 거두는 데 기여하지 않을까 싶습니다. 오래전부터 말 뒤에 감춰진 편견과 차별의 실상을 더듬어 보는 책을 써 보고 싶었습니다. 드디어 그 바람을 이루게 되었네요. 능력이 닿는다면 문제의식을 더 벼려서 후속 작업을 이어 가고 싶습니다.

책은 크게 네 부분으로 구성됩니다. 여성이나 장애인 등과 같은 사회적 약자를 둘러싼 말뿐만 아니라 한국 사회의 모순을 드러내는 말도 다루고 있습니다. 꼭지에 따라 말 그 자체를 파고드는 부분도 있고(말들의 그늘), 말과 관련해 사회적 문제를 천착하는 부분도 있습니다(그늘의 말들). 사실 '말들의 그늘, 그늘의 말들'은 제가 이 책을 처음 구상했을 때 떠올린 제목입니다. 이 책의 이름으로 사용되지 못한 아쉬움에 이렇게라도 밝혀 둡니다.

첫 번째 장에서는 사회적 약자로 논의를 시작합니다. 장애인, 성폭력 피해자, 혼혈인, 동성애자, 양심적 병역 거부자 등에 관한 말들을 통해 그들이 처한 현실을 들여다봅니다. 특히 장애인과 관련해서 이동권의 문제, 성폭력 피해자와 관련해서 피해자 유발론, 혼혈인과 관련해서 민족주의의 문제, 동성애와 관련해서 취향의 문제, 양심적 병역 거부자와 관련한 군사주의 문제를 파고들 겁니다.

두 번째 장에서는 여성을 가리키거나 여성과 관련된 말의 차별성에 주목합니다. 사람들이 별생각 없이 쓰는 말 속에서 여성이 어떻게 차별받고 억압받는지 살펴볼 겁니다. 남성 지칭어와 여성 지칭어의 비대칭적 의미를 시작으로 성별 분업과 관련된 차별, 순결 의식을 둘러싼 억압, 외모지상주의로 인한 고통 등을 다룹니다.

세 번째 장에서는 결혼을 강요하는 말들('미혼' '미혼모'), 정상 가족을 강요하는 말들('결손 가정' '호래자식'), 남편의 폭력을 은폐하는 말들('부부 싸움'), 부모의 폭력을 은폐하는 말들('사랑의 매'), 임신을 둘러싼 말들을 다룹니다. 논의의 축은 크게 두 가지입니다. 가정 안에서 벌어지는 다양한 폭력과 결혼과 이혼 담론이 만들어 내는 정상 가족 이데올로기입니다.

마지막 장에서는 호칭의 문제, 스포츠와 민족의 문제, 서울 중심주의, 집단주의, 국가주의를 다룹니다. 앞의 세 장이 주로 사회적 약자에 주목한다면, 마지막 장은 한국 사회의 모순과 허위에 대해 살필 것입니다.

쭉 훑어보니 여성에 관한 글이 꽤 많네요. 세상에 두루 눈길을 주려면, 여성에 관한 글이 많을 수밖에 없을 것 같습니다. 여성이 세상의 반을 차지하고 있으니까요. 소수자라고 해서 꼭 소수(少數), 즉 적은 수는 아닐 겁니다(여기서 소수자는 사회적 약자를 포함하는 개념으로 사용했습니다). 우리들은 모두 한때 어린이였고, 우리들 중 절반은 여성이고,

우리들 중 일부는 동성애자일 테니까요. 물론 어린이나 여성, 동성애자와 같은 소수자를 둘러싼 말들과 더불어 우리 사회의 모순을 날카롭게 드러내는 말들도 살펴볼 것입니다.

제 글이 어떤 이들에게는 불편하고 못마땅할 수 있습니다. 하지만 저는 좋은 글은 마음을 불편하게 한다고 믿습니다. 제 글이 누군가에게 불편을 줄 수 있다면, 이 책을 만들기 위해 쓰러져야 했던 나무들에 적어도 몹쓸 짓은 하지 않은 것으로 생각합니다.

세상이 많이 변했습니다. 차별 문제가 중요한 사회적 의제가 되었습니다. 제도적 측면에서도 상당한 변화가 있었습니다. 그러나 근본적인 변화는 아직도 아득할 뿐입니다. 언어와 사고의 측면에서는 특히 더 그렇습니다. 그런 의미에서 변화는 여전히 드물고 소수자에 대한 편견은 아직도 흔하죠. 흔한 만큼 강고합니다. 그 강고한 편견의 벽 앞에서 이 책은 망치가 되고자 합니다. 이제 당신이 책-망치를 들고 벽을 부술 일만 남았습니다. 당신의 건투를 빕니다.

지금까지 세 권의 책을 냈지만, 한 번도 만족스러웠던 적이 없었습니다. 내용도 그랬거니와 제가 진짜 쓰고 싶은 것들이 아니었죠. 그런데도 꾸역꾸역 책을 낸 건 순전히 욕심 때문이었습니다. 오직 좋은 문장을 좇아 글을 쓰고 책을 낼 만큼 저는 염결하지 못했습니다. 이제 밥벌이와 상관없이 쓴 글을 세상에 내놓습니다. 순전히 쓰고 싶어서 쓴 첫 번째 책, 그래서 이 책은 저의 첫 번째 책입니다. 시간상으로는 네 번째 책이지만, 순도(純度)로 보면 첫 번째 책이죠.

한 권의 책을 내면서 별처럼 많은 이름들이 떠오릅니다. 특히나 소수자의 시선을 갖게 해 준 망치의 저자들을 잊을 수가 없네요. 고종석, 권혁범, 정희진, 박노자, 김상봉, 진중권 선생님, 이 자리를 빌려 한 번도 뵌 적 없는 당신들께 고개 숙여 감사드립니다. 사랑하는 제 가족에게도 감사의 말을 전합니다.

■ 일러두기
이 책에서 인용한 국어사전의 풀이는 국립국어원의 『표준국어대사전』을 참고했습니다.

제1장
세상의 경계에
선 사람들

위하는 척하며 위하지 않는

- '장애우'라는 함정

장애인은 오래전에는 병신으로 불렸고, 그 후 장애자를 거쳐 지금은 장애인으로 불립니다. 물론 장애우라는 표현은 아직 우리 귀에 섭니다. 일반적으로는 '장애인'이 '장애자'나 '장애우'보다는 더 많이 쓰이죠. 우리나라에서 장애인이라는 말이 처음 쓰인 것은 1981년에 장애인 복지법이 제정되면서입니다. 처음 법안에는 장애인이 아닌 장애자로 표기되었는데 나중에 장애인으로 개정되었다고 합니다. 장애자는 장애인보다 다소 부정적인 뜻을 지닙니다. 학생들 사이에서 널리 쓰이는 '애자'라는 말을 봐도 그렇습니다. 장애자를 줄여서 부르는 '애자'는 보통 '병신'이나 '머저리'의 뜻으로 쓰입니다.

예전에는 장애인을 장님(맹인, 봉사, 소경)이나 벙어리, 난쟁이, 언청이, 외팔이, 무뇌아, 귀머거리, 앉은뱅이, 애꾸눈이(외눈박이), 사팔뜨기, 절름발이(절뚝발이), 안짱다리(곱장다리), 곰배팔이(팔이 꼬부라져 붙어 펴지 못하거나 팔뚝이 없는 사람), 곱사등이(꼽추, 등이 굽고 큰 혹 같은 것이 불쑥 나온 사람), 반신불수로 불렀습니다. 장애의 부위에 따라 구별되는 이 말들과 달리, 장애의 부위와 상관없이 사용되는 말들도 있습니다. 병신(病身), 불구(자), 기형(아) 등이 그것입니다. 지적 장애인은 따로 바보, 등신, 천치, 백치, 머저리, 팔푼이, 저능아, 정박아(정신박약아) 등으로 불렀죠. 병신이나 저능아는 장애인에 대한 강한 경멸의 뜻을 담고 있습니다. 과거에는 지금보다 장애인에 대한 편견과 차별이 더 심했습니다. 그 말들은 그런 배경 속에서 탄생했습니다. 그 말들에 쌓인 경멸의 두께는 장애인들이 걸어온 질곡의 시간과 일치합니다. 드물지만 그 말들은 여전히 사용되고 있습니다.

세상은 변했습니다. 장애인에 대한 시선도 많이 달라졌습니다. 장애인을 멀리하지 말고 그들과 더불어 살자고 생각하는 사람들이 늘어났습니다. 장애우라는 말이 생겨난 것도 그런 변화의 결과입니다. 장애인(人)을 더 친근하게 대하자는 뜻에서 장애우(友)라는 말이 생겨났을 겁니다. 장애를 가진 사람도 우리, 곧 비장애인의 친구다! 아마 이런 취지에서 만들어진 말일 겁니다. 벗(님), 친구, 동무 등은 더없이 좋은 말입니다. 장애인을 더 가깝게 대하자는 취지도 좋습니다. 장애우라는 말에 담긴 분명한 선의(善意)를 부정하기는 어렵습니다. 다만 친근하게 대하는 데도 적절한 방법이 있지 않을까요?

장애우는 말을 곱씹어 보면 절름발이 말이라는 걸 알 수 있습니다. 우선 장애우라는 표현은 비장애인만 사용할 수 있습니다. 비장애인의 입장에서 장애인을 친구처럼 친근하게 대하자는 뜻에서 사용하는 것이죠. 장애인이 스스로를 가리킬 때 그 말을 사용하면 부자연스럽습니다. "저는 장애우입니다."라고 말하면 어색하기 그지없습니다. 그 말을 풀이하면 "저는 장애가 있는 친구입니다."가 됩니다. 결국 장애우라는 표현은 타인이 장애인을 가리킬 때만 쓸 수 있고 장애인이 정작 본인을 가리킬 때는 쓸 수 없습니다. 그러니 그 말은 절름발이일 수밖에 없습니다.

'벗[友]'은 좋은 말입니다. 분명 그 말에는 좋은 어감이 배어 있습니다. 그렇다고 아무에게나 친구라고 말하지는 않습니다. 특히 나이를 중요하게 생각하는 한국 사회에서 어린 사람이 나이 많은 사람을 가리켜 친구라고 할 수는 없죠. 노인을 멀리하고 공경하지 않는 시대라고 해서, 노인을 좀 더 친근하게 대하자는 뜻에서 '노우(老友)'나 '노인우(老人友)'라고 부를 수는 없겠죠?✽

장애인의 아들이 자기 아버지를 가리켜 "저희 아버지는 장애우입니다."라고 말한다면 건방져 보이지 않을까요? 저희  아버지는 장애를 가진 친구입니다? 장애우라는 표현은 말하는 사람이 장애인보다 연장자이거나 장애인과 비슷한 연배일 때나 쓸 수 있습니다. 또한 앞에서 지적한 것처럼 화자(話者) 자신이 장애인이어서도 안 됩니다. 장애인이라고 해서 나이에 상관없이 모든 비장애인의 친구가 될 수는 없습니다. 노인을 친근하게 대하자는 뜻으로 노인우라고 하지 않듯이 장애우도 그러해야 하지 않을까요? 나이나 서열을 뛰어넘는 '관계의 파격(破格)'을 원한다면, 장애인이 아니라 비장애인을 대상으로 합시다. 장애인들은 파격의 실험을 원하지 않습니다.

장애우라는 말은 장애인을 말의 주체로 인정하지 않고 배제합니다. 장애우라는 말에서 장애인은 그 말의 대상일 뿐 주체가 되지 못합니다. 장애우는 장애인을 긍정하는 듯하지만 장애인의 자리, 즉 그 말의 사용자로서의 자리를 부정하죠. 그런 점에서 그 말은 폭력적입니다. 말이 지시하는 대상이 그 말을 쓸 수 없다는 점에서, 다시 말해 언어의 대상자가 그 언어의 사용자가 될 수 없다는 점에서 장애우는 장애인 사용자에게 폭력적입니다. 좀 심하게 말하면, 장애우는 장애인에게 선의를 가장해 폭력을 가하고 있는 겁니다.

장애인에게 거리낌 없이 반말하는 사람들을 주변에서 종종 볼 수 있습니다. 특히 정신 지체 장애인을 어린애 대하듯이 아무렇지 않게 하대하는 사람들이 있습니다. 그들은 장애인을 사회의 위계질서 맨 아래에 위치한 존재로 생각합니다. 그래서 장애인에게 아무렇지 않게 반말하고 함부로 행동합니다. 장애우라는 표현이 이런 현상을 낳은 것은 물론 아닙니다. 다만 이런 현실에서 그 표현은 본래 의도와 달리 오해를 낳을 수 있습니다. 장애인은 비장애인 누구에게나 친구가 될 수 있다는, 혹은 하대해도 괜찮다는 그런 오해 말입니다. 그 말의 본래 의도처럼 장애인이 비장애인에게 친근한 존재가 될 수 있으면 좋으련만, 현실에서 장애인은 누구에게나 만만한 존재가 되기 일쑤입니다. 친구도 좋고 이웃도 좋지만, 장애인에게 절실한 것은 최소한의 인정과 존중이 아닐까요? 친구는 그다음입니다.

여기서 잠깐, 장애인의 실상을 살펴봅시다. 세계보건기구에서는 전 세계 장애 인구를 세계 인구의 10퍼센트 정도로 추산하고 있습니다. 한국의 장애인 비율이 그 정도라고 한다면, 한국에는 490만 명의 장애인이 있을 겁니다. 그러나 실제 등록된 장애인의 수는 490만 명에 훨씬 못 미치는 251만 명이라고 합니다. 2010년, 장애인으로 등록된 인구는 251만 7,000명이었습니다. 등록하지 않은 장애인의 수를 감안하면, 251만 명이 정확한 건 아닙니다. 실제로는 그보다 더 많을지도 모릅니다. 실제 장애인의 수가 251만 명이든 490만 명이든, 아니면 그보다 더 많든 우리 주위를 둘러봤을 때 그만큼의 장애인은 보이지 않

습니다. 오늘 하루 길에서 마주친 사람 중에 장애인은 몇 명이나 있었나요? 장애인의 수가 251만 명이면 20명 중에 한 명꼴로, 490만 명이면 10명 중에 한 명꼴로 장애인이라는 건데, 오늘 만난 장애인은 몇 명도 되지 않을 겁니다. 거리와 지하철역에서 스쳐 지나간 사람이 수백, 수천 명은 될 텐데 우리가 만난 장애인은 아예 없거나 매우 적습니다. 왜일까요? 장애인들이 집 안에만 꼭꼭 숨어 있는 탓입니다.

장애인들이 집 밖으로 나오지 못하는 이유는 두 가지입니다. 하나는 장애인을 막아서는 물리적인 환경이고, 다른 하나는 장애인을 바라보는 불편한 시선입니다. 비장애인에 맞춰 만들어진 세상은 장애인들이 살아가기엔 울퉁불퉁합니다. 울퉁불퉁한 세상은 장애인에게 사지(死地)와 다름없습니다. 언론을 통해 심심치 않게 들려오는 장애인 추락 사건들만 봐도 그렇습니다. 그러니 그들은 집 밖으로, 세상으로 나오지 못합니다. 한 조사에 따르면 장애인 중 70퍼센트가 한 달에 5번도 외출을 못한다고 합니다. 2005년 제정된 교통약자의 이동편의 증진법에 따라 지난해까지 전국 버스의 22.2퍼센트를 저상(低床) 버스(노약자나 휠체어를 탄 장애인이 안전하고 편리하게 오르내릴 수 있도록 차체 바닥이 낮고 출입구에 계단 대신 경사판이 설치된 버스)로 바꿔야 했지만 실제 도입 비율은 10퍼센트에 그쳤습니다. 세상은 장애인들에게 창살만 없을 따름이지 '거대한 감옥'입니다. 그들은 죄수이고 우리는 간수일까요?

울퉁불퉁한 장애물을 제거하여 평평하게 만들려면 많은 돈이 필요합니다. 많은 이들이 다수(의 복지)를 위해 써야 할 돈을 소수의 장애인을 위해 쓰는 것은 적절하지 않다고 생각합니다. 그러나 200만이 넘는 장애인은 결코 적은 수가 아닙니다. 단지 비장애인에 비해 그 수가 적다는 점에서 장애인은 소수일 뿐입니다. 다수에 속하는 비장애인도 언제든지 소수의 처지에 놓일 수 있습니다. 현대 사회는 누구든지 장애인이 될 수 있는 위험 사회이기 때문이죠. 장애는 결코 남의 얘기일 수 없습니다. 의학적 관점에서 보더라도 장애는 더 이상 특별한 것이 아닙니다. "공식적인 장애인 실태 조사에서도 전체의 89.4퍼센트가 후천적 장애일 정도로 장애는 우리 가까이 있습니다."(김창엽, 『나는 나쁜 장애인이고 싶다』, 12쪽)

장애인 앞에는 두 개의 벽이 있습니다. 장애인은 물리적인 벽 말고도 시선의 벽에 부딪칩니다. 물리적인 벽은 보이는 벽이고 시선의 벽은 보이지 않는 벽입니다. 보이는 벽보다 보이지 않는 벽이 더 높고 두껍습니다. 요즘은 많이 달라졌지만, 예전에는 장애인이 전동 휠체어를 타고 지하철을 타면 주변 승객들이 뚫어져라 쳐다보곤 했습니다. 호기심이건 동정심이건 주변 사람들의 시선은 장애인에게 거북스러울 수밖에 없습니다. 장애인이 지나가면 신기한 듯이 쳐다보는 것, 호기심어린 질문을 던지는 것, 동정어린 격려를 하는 것은 삼가야 합니다. 비장애인의 뜻 없는 행동이 장애인에게는 상처가 될 수 있기 때문입니다. 장애인이 바라는 것은, 비장애인이 비장애인을 대하듯 그렇게 장애인을 대해 주는 겁니다.

세상에는 두 종류의 사회가 있습니다. 하나는 다수가 행복하게 사는 사회이고, 다른 하나는 소수만 행복하게 사는 사회입니다. 그 둘을 나누는 기준에는 여러 가지가 있습니다. 지니계수, 로렌츠 곡선, 10분위 분배율 등 복잡한 수치를 제시할 수도 있지만, 우리의 눈으로 직접 확인하는 방법도 있습니다. 직접 거리로 나가 장애인이 얼마나 보이는지 세어 보면 됩니다. 장애인이 적잖이 보인다면 좋은 사회이고, 그렇지 않다면 나쁜 사회입니다. 그 점에서 한국 사회는 나쁜 사회입니다. 그것도 아주 나쁜 사회입니다. 잘 보이지 않는 장애인들이, 한국 사회가 얼마나 나쁜 사회인지 온몸으로 보여 주고 있습니다. 거리에서 장애인을 적잖이 만날 수 있는 사회는 사람과 사람을 가르는 물리적인 벽뿐만 아니라 심리적인 벽이 거의 없거나 낮은 사회입니다. 그 벽은 장애인뿐만 아니라 여성, 흑인, 극빈층, 노약자, 외국인, 성적 소수자 등 소수자를 사회에서 분리하고 소수자가 사회로 진입하는 것을 가로막습니다.

다수의 비장애인이 조금 손해를 보면 소수의 장애인이 많은 혜택을 누릴 수 있습니다. 다수가 많이 손해 본 결과로 소수가 작은 혜택을 누린다면 안 되겠지만, 다수가 조금 손해 본 결과로 소수가 큰 혜택을 누린다면 그것은 분명 의미 있는 일입니다. 또한 장애인에게 편리한 것이 비장애인에게 더 편리할 수 있습니다. 노인이나 어린이, 임산부가 아닌 비장애인도 상황에 따라 장애인 시설을 편리하게 이용할 수 있습니다. 가령 장애인을 위해 설치한 경사 계단은 노인이나 어린이, 임산부도 편리하게 이용할 수 있죠. 작은 손수레를 이용해 무거운 짐을 나르는 사람들, 유모차를 끌고 다니는 사람들도 유익하게 이용할 수 있습니다. 장애인에게 좋은 것은 그들에게만 좋은 것이 아니라 우리 모두에게 좋은 것이죠.

장애인을 막지 맙시다. 그들이 세상에 나오는 것을 막지 맙시다. 대놓고 하지 않는 차별도 차별입니다. 어쩌면 그게 더 무섭고 지독한 차별인지 모릅니다. 장애는 나쁜 것도 아니고 악한 것도 아니죠. 진짜 나쁜 건 그들이 아니라 우리일 겁니다. 바로 정상인의 탈을 쓴 영혼의 장애인들 말입니다. 내내 세계를 망친 건 영혼의 장애인이었지 결코 신체의 장애를 안고 사는 그들이 아니었습니다. 세계사 어느 페이지에도 장애인이 전쟁을 일으키거나 학살을 저지른 적은 없었습니다. 그들은 줄곧 영혼의 장애인이 일으킨 전쟁과 학살의 피해자였을 뿐이죠. 나치는 제2차 세계대전 때 27만 명의 장애인을 학살했습니다. 그러므로 악은 멀리 장애인들에게 가 있지 않습니다. 악은 우리 가까이 있습니다. 아니, 우리 안에 있습니다.

'억제할 수 없는 충동' 이라는 신화

성폭력을 둘러싼 편견은 두 갈래로 나뉩니다. 하나는 피해자에 관한 것이고 다른 하나는 가해자에 관한 것입니다. 피해자에 관한 편견은 피해자에게 책임을 묻고 가해자에 관한 편견은 가해자의 책임을 덜어 줍니다. 피해자에게는 책임을 지우고[擔] 가해자에게서는 책임을 지우는[消] 것이죠. 한쪽에서 덜어 낸 책임을 다른 한쪽에 더한다는 점에서 그 편견은 둘이되 하나입니다.

:: 야한 옷차림이 문제라고요?

일단 2010년 어느 날 SBS의 8시 뉴스의 한 장면을 빌려 와 봅시다. 미니스커트를 입은 여성의 허벅지가 잠깐 동안 화면을 가득 채움니다. 무슨 뉴스였을까요? 서울 강북구 수유동에서 20대 여성이 성폭행 후 살해된 사건에 관한 보도였습니다. 성폭행과 미니스커트가 어떤 관련이 있기에 그런 자료 화면이 나간 걸까요? 다소 시간이 지난 조사 결과이지만 2003년 한국 성폭력 상담소가 발표한 바에 따르면, 법조인 10명 중 3명이 여자들의 야한 옷차림을 성폭력의 원인이라고 생각했습니다(30.5퍼센트). 최근의 조사 결과가 없어서 단정하기 어렵지만, 그 같은 인식은 여전한 것 같습니다. 2010년의 뉴스 화면이 그 증거입니다. 미니스커트 자락이 흔들리던 그 화면 아래로는 야한 옷차림이 성폭력을 부른다는 통념이 자리 잡고 있었습니다.

야한 옷차림이 남성의 성욕을 자극하는 건 사실일 겁니다. 그렇다면 문제는 야한 옷차림일까요? 야한 옷차림이 성폭력의 원인이라면 노출이 심한 여름에 성폭력이 더 많이 발생해야 할 겁니다. 하지만 성폭력은 계절과 상관없이 발생합니다. 야한 옷차림이 성폭력의 원인이라는 통념은 '주먹을 부르는 얼굴'처럼 허황합니다. 세상에 주먹을 부르는 얼굴은 없습니다. 설사 그런 얼굴이 있다 해도 함부로 주먹을 날리면 될까요? 실제로 주먹을 쓰면 그 즉시 범죄가 됩니다. 야한 옷도 마찬가지입니다. 야한 옷을 보고 성욕을 느낄 수는 있습니다. 마음에서 이루어지는 일이니 성욕 자체를 탓하기는 어렵겠죠. 그러나 마음속 성욕이 마음 밖으로 나와 함부로 성적 만족을 채우려 한다면 그것은 엄연히 범죄입니다. 여성이 성욕을 자극했으므로 성폭력을 당해야 한다면, 같은 논리로 살의를 불러일으킨 사람은 모두 죽임을 당해야 하나요? 문제는 야한 옷이 아닙니다. 진짜 문제는 야한 옷을 입은 여성은 함부로 해도 된다는 생각입니다.

:: 끝까지 저항하면 성폭행은 불가능하다고?

사람들은 말합니다. "끝까지 저항하면 성폭행은 불가능하다." 그런데 과연 그럴까요? 한번 생각해 봅시다. 성적 순결은 목숨보다 중요한가요? 성적 순결이 중요하다 해도, 목숨과 바꿀 만큼은 아닙니다. 성적 순결만 앞세우는 왜곡된 생각은 결국 피해자에게 일정한 책임을 묻게 만듭니다. 당연한 수순이겠지만 피해에 대한 책임('도대체 행실을 어떻게 했기에')과 비난('더럽혀진 몸')도 피해자에게 전가됩니다. 전형적인 피해자 책임 전가입니다. 성폭력은 많은 경우 말로 위협하는 선에서 그치지 않습니다. 주먹이나 흉기 같은 폭력이 동반되죠. 이런 상황에서 피해자는 극도의 공포감과 무력감을 느끼면서 저항을 포기하게 됩니다. 그런데도 성폭력의 책임을 끝까지 저항하지 않은 여성에게 묻는 것은 온당하지 않습니다.

더 기막힌 건 여자들이 강간을 원한다는 남성들의 근거 없는 착각과 오해입니다. 이런 착각과 오해에는 성에 대한 왜곡된 상상과 판타지가 자리 잡고 있습니다. 포르노그래피에서 그려지는 성을 생각해 보세요. 처음에는 강간으로 시작되지만 나중에는 질퍽한 성관계로 끝납니다. 거부하던 여성이 나중에는 더 적극적이죠. 바로 이 지점에서 여성의 저항을 앙탈로 인식하는 오해가 생겨납니다. 그러나 이는 실제 여성의 모습이 아니라 남성－카메라의 시선으로 재현된 여성일 뿐입니다. 이런 오해에서 성폭행을 성폭력이 아니라 난폭한 성관계로 인식하는 겁니다. 자기는 그저 '사랑해 줬을' 뿐이라는 식으로 말이죠.

예전에 한 30대 여성이 기지를 발휘해 성폭행을 모면한 사건이 있었습니다. 그 여성은 지금은 몸이 안 좋아서 성관계가 어렵다고 가해자를 설득했습니다. 나중에 다시 오라며 약속의 의미로 휴대전화 번호를 남기게 했고, 결국 그 번호로 가해자를 검거할 수 있었습니다. 이런 일이 가능할 수 있었던 것은 가해자가 성폭력과 성관계를 구별하지 않아서였습니다. 성폭력과 성관계를 동일시하는 일부 남성들 속에서 여성들은 일상적으로 성폭력의 위협을 느끼며 불안하게 살아갑니다.

∷ 성폭력은 억제할 수 없는 성 충동 탓?

2003년 한국 성폭력 상담소가 발표한 바에 따르면 법조인 10명 중 4명이 성폭력이 남자들의 '억제할 수 없는 충동' 때문에 발생한다고 생각했습니다(38.7퍼센트). 법조인이 이 정도니 일반인이나 성범죄자는 어떻겠습니까? 한 조사에 따르면 전자 발찌 착용을 마친 성범죄자의 63.2퍼센트가 '성폭력은 어쩔 수 없는 남성의 성적 본능'이라고 답했습니다.(조윤오, 「전자감독제도 효과성 평가」) 대부분의 성폭력은 충동적이라기보다 계획적으로 일어납니다. 성폭력의 80퍼센트는 모르는 사이가 아니라 아는 사이에서 발생합니다. 직장 상사나 동료, 애인이나 친인척, 학교 선후배, 아는 오빠나 이웃집 아저씨가 가해자죠. 직장 내 관계에서 제일 많이 발생하고, 그다음으로 친인척, 학교, 학원 순입니다. 결국 일상생활에서 대부분 잘 아는 사람에 의해 발생한다고 볼 수 있습니다. 이는 성폭력이 성 충동에 따른 우발적 범죄라기보다는 사전에 계획된 범죄라는 점을 뒷받침합니다(혹은 성 충동이 개입하더라도 성폭력이 성 충동만으로 발생하는 건 아니라는 점을 뒷받침해 줍니다).

어린이, 노약자, 장애인 등 대상을 가리지 않는 무차별적인 성폭력으로 미루어 보아도 성폭력은 억제할 수 없는 성적 충동의 결과라기보다 약자에 대한 지배·권력 욕구의 결과라고 하겠습니다. 좀 더 손쉽게 제압할 수 있고, 범죄 사실이 탄로 나지 않을 거라는 생각에서, 약자를 성폭력의 대상으로 삼는 것이죠. 성폭력은 서로 잘 아는 사이에서 발생하고, 그 아는 사이는 대부분 사회적 권력 관계와 거의 일치합니다. 일테면 남자가 여자에게, 어른이 아이에게, 직장 상사가 부하 직원에게 성폭력을 가할 때, 거기에는 사회적 권력 관계가 작동합니다. 성폭력은 가해자가 자신의 억눌린 분노나 열등감, 소외감, 박탈감을 사회적 약자인 여성이나 어린이에게 표출하는 것임이 여러 연구에서 밝혀지고 있습니다. 남자에게 억제할 수 없는 성 충동이란 애초에 없는 걸로 봐야 합니다.

　초등학생 성폭행범으로 붙잡힌 김수철은 "제 속에는 욕망의 괴물이 있어서."라고 말했습니다. 억제할 수 없는 충동이라는 신화는, 그런 충동을 병적으로 지닌 사람들, 곧 정신 질환자들만이 성폭력을 저지르는 것으로 오해하게 만듭니다. 이 논리의 위험성은 처벌을 불가능하게 만드는 데 있습니다. 정신 질환자는 처벌이 아니라 치료를 받기 때문입니다.

　성폭력범 중에는 분명 정신 질환자도 있을 겁니다. 그러나 성폭력은 대개 정상인이 저지릅니다. 실제 처벌 비율을 보면 치료 처분을 받는 사람은 소수에 불과합니다. 『임상정신의학저널(the Journal of Clinical Psychiatry)』에 따르면 남성 성폭력범 8,495명과 일반 남성 1만 9,935명을 대상으로 정신 질환자의 비율을 비교한 결과, 성폭력범 가운데 정신 질환자의 비율은 일반 남성보다 6배 정도 높게 나타났습니다. 이것만 놓고 보면 높은 것 같지만 전체 성폭력범 가운데 정신 질환자는 24퍼센트에 불과했습니다. 아무리 늘려 잡아도 100명 가운데 24명 정도가 정신 질환자고 나머지 76명은 정상인이라는 거죠.

　성폭력은 정신 질환의 문제가 아닙니다. 진짜 문제는 남자는 성 충동을 억제할 수 없고 그럴 필요가 없다는 사회적 인식입니다. 남자는 성욕을 억제할 수 없다는, 그래서 어떻게 해서든 충족시켜야 한다는 인식 말입니다. 가령 '남자는 늑대다'라는 표현이 그렇습니다. 여기서의 늑대는 여자 쪽에서는 경계의 표현이지만 남자 쪽에서는 확정의 표지입니다. 남자의 입장에서 그 말은 남자란 원래 그런 존재라고 공식적으로 승인해 주는 말입니다. 남자가 여자를 원하면 무슨 짓이든 할 수 있다는, 혹은 해도 된다는 식으로 자기를 합리화할 때 사용되죠. 더 많은 여자와 성관계를 갖는 것은 남자에게 훈장과도 같습니다. 자신의 능력과 지위를 증명하는 훈장 말입니다. 남녀가 성장하는 과정에서 남성은 성적 욕망을 발현하도록, 여성은 성적 욕망을 억제하도록 길러집니다. 역사적으로도 남자는 성욕이 강할수록 남자답다고 여겨졌지만, 여자는 성욕을 가지는 것조차 여자답지 못한 것으로 여겨졌습니다. 그 같은 배경과 인식에서 여성을 성적 도구로 바라보고 여성에게 성폭력을 가했다고 볼 수 있습니다.

:: '피해자 조심'의 함정?

여자들의 야한 옷차림과 남자들의 성 충동을 성폭력의 원인으로 몰고 가면 피해자 스스로 조심하는 것이 최선의 예방책이 됩니다. 당연히 성을 둘러싼 사회·문화적 문제는 덮어집니다. 여성의 성을 사고 파는 것, 여성을 성적 도구로 바라보는 것, 일상에 스민 성 차별 의식과 무의식 등 한국 사회에 뿌리 깊이 박힌 폭력적 구조는 온데간데없이 사라지고 맙니다. 그런 구조 속에서 남성의 공격적이고 폭력적인 성 행동이 용인되고, 그 결과로서 성폭력이 발생하는데도 말입니다.

억제할 수 없는 성 충동, 나아가 그런 충동에 사로잡힌 정신 질환자가 성폭력의 원흉이라면 처벌은 불가능하거나 헐거워질 수밖에 없습니다. 억제할 수 없는 충동에는 개인이 책임질 부분이 크지 않기 때문입니다. 억제할 수 없는 충동은 개인의 의지와 결단에 따라 좌우되기 어려운 측면이 있으니까요.

그렇다면 정신 질환자를 만나지 않는 게 상책일까요? 또는 만나더라도 그들의 성 충동이 동하지 않게끔 여자들 스스로 몸 매무시를 단정히 해야 할까요? 흔히 하는 말로 '행실을 똑바로' 하면 만사 오케이일까요? 이렇게 되면 성폭력이 여성의 행실과 관련된다는 고약한 편견만 더욱 강화될 뿐입니다. 어떤 행실이 똑바른 행실이고 어떤 행실이 똑바르지 못한 행실인가요? 미니스커트를 입으면 행실이 똑바르지 못한 건가요? 이와 같은 인식은 여성의 행실이 문제의 원인이므로 여성에게도 책임이 있다는 어이없는 결론으로 이어집니다. 피해자가 도리어 가해의 책임을 뒤집어쓰는 꼴이죠. 결국 성 폭력 피해자들은 이중의 폭력을 당한다고 볼 수 있습니다. 하나의 폭력이 성폭력 가해자에게서 발생한다면, 또 다른 폭력은 이 같은 사회적 편견에서 발생합니다. 처신을 어떻게 했기에 그런 일을 당하냐는 식의 사회적 편견 말입니다.

2007년 7월 경찰청은 『여름철 성범죄 예방 가이드북』을 제작해 배포했습니다. 이 책에 담긴 가이드라인 일부는 다음과 같습니다. "②

어둡고 으슥한 밤길은 위험, ③ 지나친 노출 의상은 성범죄의 표적(지나치게 노출이 심한 옷은 성범죄의 원인이 되기도 합니다), ⑥ 과음은 모든 사건 사고의 원인." 이미 살펴본 ③과 마찬가지로 ②와 ⑥도 편견에 지나지 않습니다. 이 같은 편견은 여성을 보호한다는 미명 아래 여성의 삶을 규제하고 억압하는 논리로 작동합니다("여자가 옷이 왜 그 모양이야?"). 보호는 대체로 통제를 조건으로 삼습니다. 이주 노동자들을 추방하기 전에 잠시 가둬 두는 곳의 이름은 역설적이게도 '외국인 보호소'입니다. 청소년의 출입을 제한하는 유흥가나 사창가도 '청소년 보호 구역'입니다. 이처럼 보호는 통제를 위한 유용한 수단이 됩니다.*

성폭행이 언제 발생할지 모르니까 밤길은 위험하다? 그래서 여성들은 어려서부터 성인이 될 때까지 줄곧 밤늦게 다니지 말라는 당부를 듣고 자랍니다("여자애가 밤늦게 돌아다니고 그래"). 12시가 되기 전에 얼른 집으로 돌아가야만 하는 신데렐라의 운명입니다. 밤길과 성폭력을 연결 짓는 편견은 피해자에게 책임을 전가하는 통념을 강화합니다("왜 그 늦은 시간에 그런 곳으로 다녀"). 어둡고 으슥한 밤길에 강도를 만나도 피해자 책임인가요? 어둡고 으슥한 밤길을 다니는 여성들이 스스로 위험에 노출된 거니까 그 자신에게도 일정 부분 책임이 있다는 건 억지 논리입니다. 성폭력이 낮과 밤 가운데 언제 더 많이 발생하는지는 그다지 중요하지 않습니다. 그것은 성폭력의 진짜 원인이 아니죠(실제로도 성폭력은 밤에 더 많이 발생하지 않습니다. 낮과 밤의 발생 비율은 큰 차이가 없습니다). 야한 옷과 마찬가지로 어둡고 으슥한 밤길을 피하라는 건 문제의 원인을 엉뚱한 곳으로 돌려 버립니다.

과음과 성폭력을 관련짓는 통념은 두 가지입니다. 하나는 가해자의 과음에 관한 것이고 또 하나는 피해자의 과음에 관한 것이죠. 피해자인 여성은 음주에 관해서 남자와 다른 기준을 적용받습니다("여자애가 무슨 술을 그렇게 마셔?"). 그러나 과음하지 말라는 것은 성범죄를 예방하는 데에 도움이 될 만한 요령은 아닙니다. 여성의 과음과 성범죄의 관계는 아직까지 확인된 바 없습니다. 과음과 성폭력을 관련짓는 통념은 가해자에게 면죄부를 주고 피해자에게 책임을 전가하는 쪽으로 악용되곤 합니다. 술에 취해 기억이 나지 않는다는 가해자의 변명과 술이 성폭력의 빌미를 제공한다는 피해자에 대한 비난('조신하지 못한 여자')을 합리화하는 것이죠. 결국 가해자의 책임은 가벼워지고 피해자의 책임은 무거워집니다.

모든 남성이 성폭력 가해자는 아니며 모든 여성이 성폭력 피해자도 아닙니다. 그러나 남성성 안에는 성폭력을 부추기는 모순이 자리 잡고 있습니다. 사회구조적으로 남성성 안에는 성폭력을 일으킬 만한 불씨가 쉽게 주어집니다. 뿐더러 환경적으로도 성폭력의 불씨가 점화할 만한 요소가 충분합니다. 한마디로 한국 사회는 남성 중심적입니다. 따라서 모든 남성은 잠재적 가해자가 될 수 있으며, 그런즉 모든 여성은 잠재적 피해자가 될 수 있습니다. 남성은 항상 자기 안의 짐승을 들여다볼 필요가 있습니다. 자기 안의 짐승이 처음부터 늑대의 운명을 타고난 것은 아닙니다. 그 짐승이 육식동물이 될지 초식동물이 될지는 전적으로 남성의 자기 성찰에 달려 있습니다. 물론 가해자는 자신이 준 상처를 들여다보거나 반성하지 않습니다. 상처를 들여다보는 것은 언제나 상처받는 쪽이죠. 남성이 상처받는 쪽에서 상처와 편견을 들여다볼 수 있다면 자기 안의 짐승으로부터 벗어나기가 조금은 더 쉬워질 겁니다.

가해자의 책임과 관련해서 성폭력 사건을 명명하는 방식에 대해 잠깐 살펴보죠. 일전에 나영이라는 아이가 끔찍하게 성폭행당한 사건이 있었습니다. 그 사건의 가해자는 조두순이라는 사람이었습니다. 그렇다면 그 사건은 '나영이 사건'일까요, '조두순 사건'일까요? 언론마다 다르게 명명했습니다. 범죄 사건은 가해자의 이름으로 부르는 게 맞지, 피해자의 이름으로 부르는 건 맞지 않습니다. 가해자의 이름은 공개해도 되지만, 피해자의 이름을 공개할 필요는 없으니까요. 피해자의 이름은 밝히지 않는 게 당사자를 위해서도 낫습니다. 그런데도 왜 나영이라는 이름이 주목받은 걸까요? 그것은 한낱 호기심 때문입니다. 사람들은 어떤 아이가 끔찍한 일을 당했는지 궁금해합니다. 그 전에는 이웃에 살던 두 소녀가 성폭행당하고 살해된 사건도 있었습니다. 그 사건은 일명 '혜진·예슬이 사건'으로 불렸습니다. 그 사건의 범인이 누구인지 기억하나요? 아마도 혜진·예슬이라는 이름은 익숙한데 범인의 이름은 기억에 없을 겁니다. 범인의 이름은 정성현이었습니다. 따라서 그 사건은 '정성현 사건'이어야 했습니다. 그러나 '정성현 사건'은 처음부터 끝까지 '혜진·예슬이 사건'으로 불렸습니다.

같은 것보다 섞인 것이 아름답다
- 순혈을 향한 욕망

섞임은 모든 살아 있는 존재의 숙명입니다. 먹는 것부터 생식(生殖)하는 것, 생각하는 것, 문화를 창조하는 것까지 그 모두가 '섞임의 대지' 위에서 일어납니다. 생명을 유지하고 종족을 번식하려면, 생각을 진전시키고 문화를 발전시키려면 섞여야 합니다. 이 우주에 순수하게 그 자체로 존재하는 것은 없습니다. 섞인 것만이 시간의 이빨을 견디며 존재할 수 있습니다. 아무것도 섞이지 않은 순수란 환상이거나 거짓입니다. 인종의 순수성을 나타내는 순혈/혼혈의 대립쌍도 마찬가지입니다.

'혼혈(인)'을 바라보는 사람들의 시선은 냉혹합니다. 혼혈인을 흔히 잡종아(잡종)라고 하는데, 국어사전에서 잡종아(雜種兒)를 찾아보면 같은 말로 '튀기'가 나옵니다. 잡종아를 순우리말로 튀기, 또는 트기(비표준어)라고 합니다. 사전은 튀기의 뜻을 세 가지로 풀이하죠. '1. 종(種)이 다른 두 동물 사이에서 난 새끼 2. 수탕나귀와 암소 사이에서 난 동물 3. 혈종이 다른 종족 간에 태어난 아이.' 마지막 뜻을 보면 튀기가 잡종아라는 것을 알 수 있습니다. 첫 번째와 두 번째 뜻을 거쳐 세 번째 뜻에 이르면, 사람은 당나귀 수준으로 전락합니다.*

동물 사이에서 나온 새끼를 지칭하는 말이 어떻게 사람을 가리키게 되었을까요? 튀기나 잡종이라는 말은 혼혈인을 인격적 개체로 인정하지 않고 다른 인종 사이에서 이루어진 결합의 부산물쯤으로 여기는 듯합니다. 한국어에 잡종아의 반대말은 없습니다. 잡종의 반대말인 순종은 있는데, 이상하게도 잡종아의 반대말인 순종아(純種兒)는 없습니다. 맥락의 유사성(종이 다른 동물 사이에서 난 새끼와 혈종이 다른 종족 간에 태어난 아이)에 따라 잡종아가 동물 개념에서 갈라져 나왔다면, 같은 원리로 순종아도 동물 개념에서 나올 법한데 말이죠.

* 사전의 풀이처럼 튀기의 원뜻은 동물에서 갈라져 나왔습니다. 그 증거는 18세기 문헌인 이덕무의 『청장관전서(青莊館全書)』의 '馬父牛母曰특 牛父馬母亦曰특(수말과 암소 사이에서 태어난 것을 '특'이라고 한다. 수소와 암말 사이에서 태어난 것 역시 '특'이라고 한다)'이라는 기록입니다. '특'에 접미사 '-이'가 결합한 '특이'는 20세기 초에 나온 『조선어사전』에는 '트기'로 표기되어 있습니다.

순종아는 잡종아와 달리 별도로 지칭할 필요를 느끼지 못해 생기지 않았을 겁니다. 순종아를 당연시하는 사회에서 순종아만 따로 가리킬 말은 필요하지 않으니까요. 또한 잡종아와 순종아를 바라보는 시선의 차이도 작용했을 겁니다. 잡종아는 동물의 수준에서 다룰 수 있지만, 순종아는 그럴 수 없다는 생각의 차이 말이죠. 그러므로 동물에게 적용되는 개념인 순종/잡종을 이용해 인간을 설명하는 일은 혼혈인에게나 가능한 겁니다. 그나마 혼혈아가 덜 비하적으로 느껴질 정도로, 튀기나 잡종아는 혼혈인을 노골적으로 비하하는 느낌이 듭니다. 혈종이 다른 종족 간에 태어난 아이가 종이 다른 동물 사이에서 나온 새끼와 놓여 있는 맥락이 비슷해도, 인간은 짐승이 아닙니다.

동물 개념에서 갈라져 나온 튀기도 부정적이지만, 잡종아라는 말 자체도 부정적이기는 마찬가지입니다. 잡종은 이것저것 뒤섞인 것이죠. 그 말은 "그 인간은 상종 못할 잡종이야."처럼 인간성이 못된 사람을 비난할 때도 씁니다. 혼혈아를 잡종아라고 하듯이 혼혈을 달리 잡혈(雜血)이라고도 합니다. 잡종과 잡혈에는 모두 '잡(雜)-'이 들어 있습니다. 우리말에 '잡-'이 들어간 말들은 하나같이 어감이 부정적입니다. 잡것이 그렇고 잡놈이 그렇습니다. 잡티, 잡초, 잡일, 잡담, 잡생각, 잡상인도 마찬가지입니다. 이것저것 섞인 것이 순수하지 못하다고 생각하는 거죠. 순종은 순수하고 잡종은 불순합니다. 이는 사람에게도 똑같이 적용됩니다. 순혈은 순수하고 잡혈은 불순합니다.

‘혼혈’이라는 개념은 순혈을 중심에 놓고 만들어진 개념입니다. 그 개념은 한민족과 다른 민족 사이에서 태어난 사람을 따로 범주화하죠. 그 사이에서 태어난 사람은 한민족도 아니고 이민족도 아닌 겁니다. 그는 ‘제3의 범주’에 속할 뿐입니다. 최근에 생겨난 ‘코리안’과 ‘아시안’이 결합된 ‘코시안’이라는 말도 한국인과 아시아인 사이에서 태어난 사람을 가리킵니다. 코시안은 혼혈인과 마찬가지로 한국인도 아니고 그렇다고 외국인도 아닌 제3의 범주에 속합니다. 혼혈인처럼 코시안은 순수한 한국인과 그렇지 않은 한국인을 나누는 개념입니다. 순혈주의자에게 혼혈인이나 코시안은 어디까지나 ‘불순한 한국인’에 불과합니다.

:: 단일 민족이라는 신화

혼혈인에 대한 편견과 차별은 단일 민족에 대한 집착과 강조에 맞닿아 있습니다. 단일 민족에 집착할수록 혼혈인, 더 나아가 외국인에 대한 배타성은 커집니다. 혼혈인과 외국인은 단일 민족의 혈통과 문화를 더럽히는 놈들로 비난받습니다. 단일 민족의 순수성과 관련해 혼혈인은 실제적 훼손의 혐의로, 외국인은 잠재적 훼손의 혐의로 배척됩니다. 과거에 미군(美軍) 남성과 연애하거나 결혼한 여자는 비난받기 일쑤였죠. 그들에게는 양갈보(‘양공주’)라는 슬픈 이름이 따라붙었습니다(‘갈보’는 성매매 여성을 가리킵니다. 양갈보는 서양 갈보라는 뜻으로, 기지촌 성매매 여성을 가리킵니다). 미군 아빠와 한국인 엄마 사이에서 태어난 아이는

'더럽혀진 피'로 간주됐습니다. 혼혈 가수 윤미래는 '검은 행복'이라는 노래에서 이렇게 고백합니다. "유난히 검었었던 어릴 적 내 살색. 사람들은 손가락질해." "모든 게 나 때문인 것 같은 죄책감에 하루에 수십 번도 넘게 난 내 얼굴을 씻어 내."

자기 민족에 대한 지나친 강조는 다른 민족에 대한 방어 기제를 작동시킵니다. 그 결과로 외국인은 어느새 '외국놈'이 됩니다. 전래(傳來)의 표현들은 더 심합니다. 이민족을 가리키는 '오랑캐'라는 말은 얼마나 야만적인가요? '왜놈' '되놈' '양놈'도 마찬가지입니다. 이 말들은 요샛말로는 '일본놈' '중국놈' '서양놈' '미국놈'이라고 합니다. 더 심하게는 '쪽바리' '떼놈' '코쟁이' '양키'라고도 부르죠. 중국인 가운데 화교는 따로 '장궤(掌櫃)' 혹은 '짱깨'로 부릅니다(물론 미국인, 넓게는 서양인에 대한 정서는 좀 복잡합니다. 이 문제는 뒤에서 자세히 다루겠습니다). 2007년 8월 19일, 유엔 인종차별철폐위원회(CERD)는 한국 정부가 제출한 「모든 형태의 인종차별 철폐에 관한 국제 협약」과 관련한 이행 보고서를 심사한 뒤, "외국인과 혼혈을 차별하는 단일 민족 국가 이미지를 극복하라."라는 내용의 권고 보고서를 발표했습니다. 이 보고서는 한국이 단일 민족을 강조하는 것은 한국에 사는 다양한 인종들 간의 이해와 관용, 우의 증진에 장애가 될 수 있다는 우려를 표시했고, '순혈'과 '혼혈' 같은 용어도 인종적 우월주의를 드러낸다고 지적했습니다.

한국인이 단일 민족이라고 귀에 못이 박히게 들어 왔지만, 과문한 탓인지 한국인 가운데 몇 퍼센트가 토종 한민족인지는 들어 보지 못했습니다. 역사 시간에 우리는 두 가지 상반된 사실을 배웁니다. 우리 민족이 유구한 역사를 지닌 단일 민족이라는 것과 어느 민족보다 많은 외침을 받았다는 것! 그런데 무언가 이상하지 않나요? 그 둘은 현실적으로 함께 성립하기 어렵습니다. 수많은 외침 속에서 단일 민족의 단단함을 유지하기란 애초에 불가능합니다. 때로는 주변국에 침입당하고, 때로는 주변국과 교류하면서 이민족의 피가 섞이고 흘러들었다고 보는 게 더 진실에 가까울 겁니다. 외침은 늘 '피 섞임'을 동반하니까요. 전문가들은 한국인에게 북방계 60퍼센트와 남방계 40퍼센트의 유전자가 섞여 있다고 봅니다.

한민족은, 한국인이 지금까지 믿어 왔던 것만큼, 단일하지 않습니다. 사실 예부터 이 땅에는 여러 인종과 민족들이 흘러 들어와 섞여 살았습니다. 우리는 그 후손입니다. 단일 민족이란 실제로 존재하지 않는 허상입니다. 단일 민족은 역사적 사실이라기보다는 상상적 믿음의 소산입니다. 우리는 단일한 민족으로 태어난 게 아니라 단일한 민족으로 묶여진 겁니다. "인간은 서로 비슷한 사람들과 한패가 되는 게 아니라, 한패가 되고 나서 비슷하다고 판단한다." 심리학자 데이비드 베레비가 『우리와 그들, 무리짓기에 대한 착각』에서 한 말입니다. 그의 말을 빌리자면, 단일 민족이라서 하나의 국가를 유지하는 것이 아니

라, 하나의 국가 아래 살면서 단일 민족 의식을 키워 온 거죠.❋

단일 민족의 신화는 역사학적으로도 부정되지만, 오늘날의 현실 속에서도 설득력을 잃고 있습니다. 한국의 현실은 이미 단일 민족을 논하기 어려운 수준을 훌쩍 넘어섰습니다. 외국인이 100만 명 가까이 들어와 살고 있고, 전체 부부의 10.8퍼센트가 국제결혼을 하고 있는 것이죠. 농촌 지역의 경우, 국제결혼이 무려 30퍼센트를 넘습니다(2009년 총 결혼 건수 30만 9,759건 가운데 3만 3,300건은 외국인과의 혼인이었죠. 한국인 남편과 외국인 아내의 혼인 건수는 2만 5,142건이었고, 한국인 아내와 외국인 남편의 혼인 건수는 8,158건이었습니다). 이런 상황에서 여전히 단일 민족을 운운하는 것은 시대착오적입니다. 통계청 자료에 따르면, 혼혈아는 2008년 12월 5만 8,000여명에서 2009년 5월 10만 7,689명으로 늘어났습니다. 전국 초·중·고교에 다니는 혼혈아는 2008년 4월 1만 8,778명으로 2년 전인 2006년 4월 7,998명에 비해 무려 1만 780명이 증가했습니다. 한 연구에 따르면 혼혈 인구는 2020년에 이르면 167만 명으로 늘어날 것이라고 합니다.(「국제 결혼율 장기 전망」, 2006)

수적인 증가에도 불구하고 혼혈인들의 삶은 여전히 피폐합니다. 혼혈인 숫자는 가파르게 늘어나고 있지만, 그들의 삶은 변함없이 정체되어 있습니다. 2003년 펄벅 재단 한국 지부가 기지촌 출신 혼혈인 673명을 조사한 바에 따르면, 조사 대상자의 56퍼센트가 실업 상태였고 78퍼센트의 월수입이 50만 원 미만이었습니다. 또 다른 조사에 따르면 다문화 가구 중 소득이 최저 생계비 이하인 가구가 52퍼센트, 기초 생활 보장 수급 가구가 13퍼센트로 나타났습니다.("다문화가정 정책의 근본 전환을 위한 3대 제안", 「프레시안」, 2009년 9월 8일자) 여러 문제 가운데 가장 우려되는 문제는 교육입니다. 다문화 가정의 형편이 매우 열악하기 때문에 대부분은 자녀를 제대로 교육시키지 못하고 있습니다. 다문화 가정 자녀의 학교 중도 탈락은 일반 가정의 학생에 비해 초등생은 166배, 중학생은 222배에 달한다고 합니다. 다문화 가정의 불안한 일자리와 경제적 빈곤 등으로 인해 자녀의 언어 습득, 학습 능력 및 또래 문화 경험 등 전반적인 양육 여건이 취약한 탓입니다.

:: 차별의 이중성

한국 사회가 혼혈인들에게 무조건 배타적인 건 아닙니다. 가령 다니엘 헤니를 떠올려 봅시다. 차별의 이유가 오직 순혈주의 때문이라면, 다니엘 헤니 같은 백인계 혼혈인도 동일하게 차별받아야 할 겁니다. 그러나 그는 배척 대상이기는커녕 흠모 대상입니다. 혼혈인에 대한 편견과 차별이 만연한 한국 사회에서 그의 인기는 어떻게 설명할 수 있을까요? 혼혈 연예인 가운데서 다니엘 헤니 같은 백인계 혼혈인(미국인)은 각광받습니다. 그러나 흑인계나 동남아계 혼혈인은 관심 대신 차별을 받습니다. 흑인계나 동남아계 혼혈 연예인이 매우 드문 것도 그 때문이죠. 마찬가지로 같은 백인계라 해도 한국말은 유창하지만 영어가 서툴거나, 한국인 한부모(편모) 가정 출신이라도 차별받기 십상입니다. 결국 사람들이 순혈주의라는 요인만으로 혼혈인을 차별하는 것은 아니죠.

순혈주의나 '타민족에 대한 배타성' 같은 개념으로는 현실의 반쪽만 설명할 수 있습니다. 앞서 살펴본 혼혈인을 대하는 한국인의 이중적인 태도에서 차별의 또 다른 이유를 찾을 수 있죠. 혼혈인에 대한 차별에는 두 개의 코드가 함께 작동합니다. 앞서 살펴본 단일 민족 코드와 이제 살펴볼 사대주의 코드가 그것이죠. 사대주의 코드란, 서양인과 동양인을 다른 기준으로 바라보고 다르게 대우하는 태도를 가리킵니다. 거기에는 서양은 강하고 우월하며 동양은 약하고 열등하다는 시각이 깔려 있습니다. 서양인에게는 관대하지만 같은 동남아인에게는 배타적으로 대하는 이유입니다. 혼혈인에 대한 차별의 논리는 왕따에 대한 차별의 논리와 비슷합니다. 왕따의 논리도 당사자가 다르고 특이해서 따돌리는 게 아니라 힘없고 약해서 따돌리는 것이죠. 결국 혼혈인을 차별하는 이유는 피가 섞여서이기도 하지만 약자여서이기도 합니다. 한국인의 눈에 비친 그들은 가난한 약소국에서 온 힘없는 이들의 핏줄입니다. 그러니 마구마구 무시하고 짓밟아도 된다고 생각하는 것이죠.

사대주의는 다름 아닌 서구의 것을 일방적으로 추종하는 태도입니다. 지나친 사대주의는 서구식 사고를 내면화하게 만듭니다. 가령 한국인은 유색인종인가요? 황인종에 속하므로 유색인종이 맞을 겁니다. 한국인 스스로 그렇게 분류하진 않았지만, 별다른 문제의식 없이 그 분류를 따르고 있으니까요. 유색인종은 백인이 다른 인종을 그 다양성에 상관없이 뭉뚱그려 구별하기 위해 만든 개념입니다. 그 개념에 따르면 백인 이외의 모든 인종은 유색인종에 포함됩니다. 그렇다면 백인들은 무색인종일까요? 아니면, 흰색인종일까요? 흰색도 색깔이지만 피부의 흰색은 유색이 아닙니다. 그것은 어디까지나 인간 피부색을 분류하는 절대적 기준일 뿐입니다. 그래서 흰색인종이나 무색인종은 없고 유색인종만 있습니다.

유색인종에는 백인 중심적 사고가 담겨 있습니다. 오래전에 서구인들은 유색인종을 원숭이에 가까운 존재로 생각했습니다. 그런 생각은 식민지를 개발하는 근거가 되었죠. 서양인들은 그에 근거해 아프리카와 아시아 사람들을 계몽하거나 정복했던 겁니다. 세계지도에서 아프리카 대륙을 살펴보면 직선으로 반듯하게 나누어진 국경선을 확인할 수 있습니다. 그것은 식민주의자들이 원주민의 인종과 풍습, 문화 등을 무시한 채 자신들의 이해관계에 따라 폭력적으로 그어 놓은 직선의 경계선입니다. 그 굴곡 없는 국경선은 식민 통치의 아픈 역사를 증명합니다. 그들의 뜻과 상관없이 같은 언어와 풍습을 공유하는 원주민들이 갈라지고, 서로 다른 언어와 풍습을 지닌 원주민들이 한데 묶인 것이죠. 바로 이것이 여전히 아프리카가 내전으로 몸살을 앓고 있는 배경이기도 합니다.

유색인종은 있지만 무색인종은 없는 것처럼, 마찬가지로 검둥이는 있지만 흰둥이는 없습니다. 여기서 검둥이/흰둥이는 동물이 아니라 인종을 뜻합니다. 대부분의 사람들은 검둥이 하면 흑인을 떠올리지만 흰둥이 하면 백인을 떠올리지 않습니다. 흑인과 같은 유색인종에 속하는 한국인조차, 달리 말해 백인에 의해 유색인종으로 분류되고 배제되는 한국인조차 마치 자신이 백인인 양 '깜둥이' 운운하는 것은 아이러니합니다. 인종 간에 위계질서를 두는 백인의 인종관(백인 우월주의)을 그대로 받아들인 결과일 겁니다. 우리는 알게 모르게 서구 중심주의와 백인 중심적 사고에 깊이 물들어 있습니다. 민족·인종 집단에 대한 한국인의 사회적 거리감을 조사한 연구 결과에서 영국인이 1위를 차지했고 백인계 서양인 집단이 상위 순위를 차지했습니다.(김규원, 「국제화시대와 한국인의 대외의식」)

한국인 역시 백인처럼 자기중심적으로 인종을 바라봅니다. 가령

'살색' 같은 표현이 대표적입니다. 예전에는 크레파스에 살색이 있었는데, 이 말은 다분히 인종 차별적입니다. 한국인이 가진 피부색만이 살색인 것은 아니기 때문이죠. '살색'은 백인의 유색인종 차별은 비판하면서도 정작 우리 자신의 인종 차별은 보지 못해 생겨난 말이었습니다. 살색이라는 명칭이 평등권을 침해한다는 국가인권위원회의 결정에 따라 2002년에서야 그 말은 공식적으로 사라지게 됐습니다. 살색과 비슷한 사례로 '냄새나는 것들'과 같은 표현이 있습니다. 다른 인종에게서 익숙하지 않은 냄새를 맡고는 얼굴을 찌푸린 경험이 있을 겁니다. 익숙한 냄새는 좋은 냄새로, 익숙하지 않은 냄새는 이상한 냄새, 더 나아가 불쾌한 냄새로 여겨집니다. '이상한 냄새'는 대체로 흑인이나 동남아시아 노동자들의 냄새일 뿐 백인의 냄새는 아니죠. 냄새가 어느새 차별과 배제의 기준으로 작동하는 겁니다.

다시 다니엘 헤니로 돌아가죠. 그는 국적상으로 한국인이 아니라 미국인입니다. 국적을 떠나서 그는 한국계라는 이유로 우리 민족의 품에 안깁니다. 그의 경우에는 분명 '국적'이 아니라 '민족'을 강조하고 있습니다. 다니엘 헤니나 미식축구 선수 하인즈 워드, 골프 선수 미셸 위 등은 모두 대한민국 국적이 없는 재외 교포들입니다. 그

✱ 법적으로 한국 국적을 가지고 외국에 사는 사람은 '재외국민'으로, 국적을 바꾼 사람은 '외국국적동포'라고 부릅니다. 물론 일반적으로는 '외국국적동포'보다 '재외교포'나 '재외동포'가 쓰입니다. 사실 '재외교포'나 '재외동포'보다 더 객관적이고 중립적인 표현은 '한국계 미국인' '한국계 일본인'처럼 '한국계 ~인'이죠 '한국계 ~인'은 그 사람의 뿌리와 국적을 정확하게 드러냅니다.

런데도 그들은 사랑받고 환영받습니다. 국적은 다르지만 한민족에 속한다고 여겨지기 때문이죠. 그래서 동포(同胞)나 교포(僑胞)로 불립니다.*

같은 피와 같은 민족을 강조하는 마음은 680만 명의 재외 동포들에게 같은 울림으로 전달되지 않습니다. 중국이나 러시아에 사는 동포들에게는 잘 와닿지 않는 것이죠. 잘난 혼혈인과 못난 혼혈인을 나누는 사대주의적 습관이 재외 동포들에게도 그대로 적용되는 탓입니다. 미국인은 부유하고 조선족은 가난합니다. 한국인의 눈에 잘나 보이는 한국계 미국인은 주목을 받지만 그렇지 않은 다른 한국계들은 괄시받기 일쑤입니다. 그 사람이 속한 국가의 경제적, 국제적 위상에 따라 그에 대한 대우가 달라집니다. 결국 우리를 지배하는 민족 개념은 국민의 일부를 배제하는 동시에 민족의 일부도 배제하고 있습니다. 혼혈인에 대한 차별이 전자이고 재외 동포에 대한 이중적 차별이 후자입니다.

재외 동포법(재외 동포의 출입국과 법적 지위에 관한 법률)에 따라 재외 동포들은 한국에 자유롭게 머물 수 있습니다. 그러나 여기에도 차별은 존재합니다. 현재 조선족이나 고려인은 미국, 일본 동포와 달리 장기 체류가 가능한 재외 동포 비자를 받지 못하고 5년 기한의 방문 취업 비자를 받을 수 있습니다. 조선족이나 고려인들의 급격한 국내 유입을 막기 위한 조처라지만, 국적에 따라 같은 동포를 다르게 대우하는 명백한 차별입니다. 원래 재외 동포법은 그 대상을 '한민족 혈통을 지닌 자 중 외국 국적자(혈통주의)'로 했다가 '대한민국 국적을 보유했던 자(국가주의)'로 바꿨습니다. 그 결과, 1945년 대한민국 정부 수립 이전에 이주한 중국 조선족과 러시아 고려인이 법률 적용 대상에서 제외됐습니다. 한국인이 볼 때 잘난 사람(잘사는 국가 출신이거나 성공한 사람)만 우리 민족이고, 그렇지 않은 사람은 우리 민족이 아니란 말인가요? 이런 상황 때문에 같은 동포인데도 그 사람이 어디 출신이냐에 따라 천차만별의 대우를 받는 겁니다.

조선족이나 고려인이라는 명칭부터가 차별적입니다. 중국에서 조선족은 한족이나 만주족과 구분하기 위해 사용되는 표현입니다. 마찬가지로 고려인도 러시아인들이 그들의 편의대로 만들어 부르는 표현입니다. 한국계 미국인을 재미 교포(동포)로, 한국계 일본인을 재일 교포(동포)로 부르듯이 마찬가지로 한국계 중국인은 재중 교포(중국 교포)로, 한국계 러시아인은 재러 교포(러시아 교포)로 부르는 게 맞습니다. 그러나 중국 연변의 230만 조선족, 러시아의 50만 고려인 등은 한국인의 관심 밖으로 밀려나 있습니다. 그들은 마땅한 이름으로 불리지 못한 채 이방인처럼 겉돌 뿐이죠. 혼혈인 차별의 이유였던 단일 민족에 대한 강조도 잘난 동포에게나 해당될 뿐이고 그렇지 않은 동포에게는 해당되지 않는 것이죠. 단일 민족에 대한 한국인의 긍지는 이처럼 허술한 기반 위에 놓여 있습니다.

:: 순수의 환상

민족 개념이 국민 일부를 이방인으로 밀어내는 사회에서 혼혈인은 온전한 인격적 객체로 인정받지 못합니다. 그래서일까요, 다 큰 어른 조차도 혼혈인이 아니라 혼혈아(混血兒)로 불립니다. 이는 장애인이라는 말이 정착되기 전까지 오랫동안 '장애자'가 사회적으로 널리 쓰이던 것과 비슷한 맥락입니다. 순혈/혼혈은 사람의 뿌리에 대한 구분을 넘어서 피의 순수성에 따라 사람을 위계화해 차별합니다. 그것은 순수와 불순의 위계입니다. 개를 두고 순종/잡종을 따질 수는 있지만, 사람을 두고 순종/잡종을 논해서는 안 됩니다. 개가 안 되려면 순종/잡종은 이제 그만 나눕시다. 그리고 편견의 울림이 가득한 '혼혈아'라는 말 대신에 '다문화 가정 2세'로 불러야 합니다. 그러려면 외국인과 한국인이 만나 이룬 가정부터 '다문화 가정'으로 불러야겠죠.

한민족과 이민족 사이에서 태어난 게 뭐가 문제일까요? 부모 가운데 외국인이 있다고 해서 그 자식이 대한민국 국민이 되지 못하란 법은 없습니다. 대한민국 헌법에 동의하고 대한민국 국민의 의무를 지킨다면, 그 사람은 부모의 피와 상관없이 엄연히 대한민국 국민일 수 있습니다. 중요한 것은 그들의 기원(起源)이 아니라 그들의 현재입니다. 그들이 이곳 대한민국에서 대한민국 국민으로 살아가고 있다는 것 말이죠. 이곳은 민주공화국 대한민국이지 한민족 공화국이 아닙니다. 피는 물보다 진하다지만, 민주공화국은 피를 가리지 않습니다. 그들 역시 민주공화국의 자식들입니다.

순수는 환상이거나 거짓입니다. 그러므로 순수에 대한 열정도 허망하거나 기만적이죠. 순수에 대한 열정이 종교나 도덕의 옷을 걸치든(근본주의), 언어나 문화의 옷을 걸치든(국수주의), 인종이나 계급의 옷을 걸치든(인종주의) 마찬가지입니다. 환상이나 거짓에 대한 열정은 위험합니다. 이는 나치즘이 증명합니다. 순수가 선이 아니라 악이라는 사실을 우리는 나치즘 안에서 확인할 수 있습니다. 역사 속에서 나치즘은 인종의 순수성이라는 연료로 굴러갔습니다. 나치는 순수성의 악마에 사로잡혀 온 세상을 피로 물들였습니다. 역사의 과오를 되풀이하지 않으려면 순수에 대한 열정을 경계할 필요가 있습니다. 히틀러는 언제든지 무덤에서 깨어날 수 있습니다. 순혈로 물든 민족주의는 좀비들의 요람입니다.

'불법 체류자'라는 말도 검토해 볼 필요가 있습니다. 법무부의 통계 자료에 따르면, 2010년 기준으로 국내에 체류 중인 외국인 가운데 불법 체류자는 16만 8,515명입니다. 출입국 관리법에 따라 외국인 노동자는 국내에 3년까지 체류할 수 있습니다. 이 기간을 넘기면 바로 불법의 꼬리표가 따라붙습니다. 현재의 법률 아래서는 이주 노동자가 3년이 지나도 계속 체류하면, 범죄 행위를 저질렀느냐에 상관없이 무조건 불법 신분이 되는 것이죠. 그들의 자녀 역시 본인의 의사와 상관없이 불법 체류 꼬리표를 달고 살아야 합니다. 그래서 일부에서는 불법 체류자 대신 '서류 미비자'라는 말을 쓰자고 제안합니다. 이 말의 뜻은 합법적인 신분을 보장받기 위한 서류를 다 갖추지 못한 상태라는 거죠.

동성애는 변태적?
- 다른 빛깔의 사랑

최근 〈쌍화점〉이나 〈인생은 아름다워〉처럼 동성애를 다룬 영화나 드라마 등이 인기를 끌었습니다. 동성애를 '정신 질환'이나 '성적 변태'로 취급했던 한국 사회의 인식에 상당한 변화가 있었던 걸까요? 그런 것 같기도 합니다. 그러나 깊이 들여다보면 사정은 달라집니다. 많은 것이 바뀐 것 같지만 아무것도 바뀌지 않았습니다. 편견은 끈질기고 차별은 여전하죠. 징그러울 정도로 집요한 편견 탓에 동성애는 여전히 금기의 대상입니다.

2009년 한국여성정책연구원이 전국 20살 이상 성인 2,000명을 대상으로 설문 조사한 내용에 따르면, 한국에서 차별받는 집단을 묻는 항목에서 동성애자가 3.48점(4점 척도)으로 가장 높게 나타났습니다. 미혼모가 3.18점으로 그 뒤를 이었죠. 이웃으로 지내고 싶지 않은 가족을 묻는 질문에서도 동성애 가족이 첫 번째로 꼽혔습니다. 동성애자가 느끼는 차별의 체감 온도가 가장 낮은 것입니다.

이처럼 한국 사회는 지독한 호모 포비아(동성애 공포증)를 앓고 있습니다. 공포는 무지를 먹고 자랍니다. 공포의 실체를 정확히 알아야 공포를 극복할 수 있습니다. 그런 맥락에서 동성애를 둘러싼 편견의 말들을 하나씩 톺아보겠습니다. 동성애를 둘러싼 대표적인 편견의 말들은 여섯 가지입니다.

∷ 동성애는 역겨워?

동성애를 가리키는 용어들은 두꺼운 혐오의 옷을 입고 있습니다. 전통적으로 남성끼리 동성애를 하는 짓은 비역질, 여성끼리 동성애를 하는 짓은 밴대질이라고 불렀습니다. 어감이 매우 상스럽고 모멸적입니다. 남성끼리의 동성애는 비역질 말고도 계간(鷄姦: 닭의 성교), 남색(男色), 비역으로 불렸습니다. 계간은 동성애를 닭의 성행위에 빗댄 말입니다. 한마디로 동성애는 '닭짓'이라는 걸까요? 한국의 군형법은 동성애를 계간으로 비하하며 2년 이하의 징역에 처할 수 있는 범죄로 규정하고 있습니다.(군형법 92조) 군인에 한해서는 폭력이건 사랑이건 따지지 않고 동성애를 무조건 처벌할 수 있는 조항입니다. 이 법은 군인의 성적 자기결정권, 쉽게 말해 사랑할 권리를 박탈하는 못된 법입니

다. 그러나 올해 4월 11일 헌법재판소는 이 군형법에 대해 합헌 결정
을 내리고 말았습니다(합헌 5명, 위헌 3명, 한정 위헌 1명).

동성애자를 뜻하는 호모라는 말의 어감
도 대단히 부정적입니다. 누군가에게 "호모
같아."라고 말하면 그 사람에 대한 심한 모
욕이나 비하가 되는 것만 봐도 알 수 있습니
다.* 사람들은 흔히 동성애자를 가리켜 역
겹다, 더럽다, 징그럽다, 불결하다, 혐오스럽다, 구역질난다고 말합니다.
그러나 그 같은 반응에는 합리적인 이유가 전혀 없습니다. 그것은 주
관적인 혐오이고 감정적인 거부일 뿐입니다. 주관적인 감정으로 사람
을 차별해서는 안 됩니다. 키 작은 사람이 좋다고 키 큰 사람을 차별
하면 안 되는 것처럼 말이죠.

성적 취향의 차이를 포함해서 취향의 차이는 옳다/그르다의 관점
으로 재단할 수 없습니다. 자기의 취향과 다른 취향에 대해서 우리가
가져야 할 태도는 배척이 아니라 관용입니다. 가령 청국장을 싫어하
는 사람에게 청국장의 냄새가 역할 수 있지만, 그 냄새를 옳다/그르다
의 관점으로 판단할 수는 없습니다. 내가 싫어하니까 남도 청국장을
먹어서는 안 된다고 말할 수도 없습니다. 동성애도 마찬가지입니다. 동
성애가 싫다고 해서 동성애가 그르고, 해서는 안 된다고 말할 수는 없

습니다. 타인의 취향을 인정하고 관용한 만큼 자신의 취향도 인정받고 관용받을 수 있습니다. 남에게서 청국장을 강요받지 않기 위해서라도 남의 식성을 인정해 줄 필요가 있는 것처럼 말입니다. 동성애자는 이성애자를 혐오하지도 부정하지도 않습니다. 또한 이성애자에게 동성애를 강요하지도 않습니다. 이성애자도 동성애자를 그렇게 대하면 안 될까요? 그래야 자기의 성적 취향도 존중받을 수 있습니다.

:: 동성애가 에이즈를 퍼뜨린다?

"〈인생은 아름다워〉 보고 '게이' 된 내 아들, AIDS로 죽으면 SBS 책임져라!"

2010년 9월 29일자 〈조선일보〉에 실린 광고입니다. 동성애를 다룬 드라마를 비난하는 보수 단체가 제작한 광고죠. 광고에서는 동성애에 대한 뿌리 깊은 편견이 읽힙니다. 광고에는 동성애와 에이즈에 관한 두 가지 편견이 겹쳐 있습니다. 게이가 나오는 드라마를 본다고 해서 게이가 되지는 않습니다. 영화 〈타짜〉를 보면 모두 타짜가 되나요? 실제로 게이가 된 사람이 있다 해도, 그건 드라마 때문이 아니라 이미 그 사람이 게이였기 때문입니다. 또한 동성애 때문에 에이즈가 발병하는 것도 아닙니다. 에이즈는 자연 발생적으로 생겨나는 질병이 아니라 바이러스에 의해 전염되는 질병입니다. 따라서 동성애를 하면 무조건

에이즈가 발병한다는 논리는 성립하지 않습니다. 에이즈가 동성애자 사이에서 유독 많이 발병하는 것도 아닙니다. 바이러스는 동성애자와 이성애자를 가리지 않습니다. 에이즈는 동성애자뿐만 아니라 이성애자 사이에서도 전염됩니다. 전 세계 에이즈 환자 중 67퍼센트가 사하라 이남의 아프리카에 분포하고 있습니다. 그곳에만 동성애자가 따로 모여 있지는 않겠죠. 에이즈가 아프리카를 비롯한 제3세계에 집중되어 있는 것은 에이즈의 최대 원인이 바로 가난이기 때문입니다. 확률적으로만 따지면 이성애자 사이에서 에이즈가 발병하는 비율만큼 동성애자 사이에서도 에이즈가 발병한다고 봐야 합니다. 이런 점에서 에이즈를 '게이 돌림병'으로 여기는 태도는 동성애에 대한 편견에서 비롯한 것이죠.

백번 양보해서 에이즈가 이성애자보다 동성애자 사이에서 더 많이 전염된다고 가정해 봅시다. 그렇다고 달라지는 건 없습니다. 일반인들이 에이즈를 악마의 병처럼 죄악시하기 때문에 "동성애는 에이즈와 관련이 있다. 그러니 동성애는 잘못된 것이다."와 같은 황당한 논리가 성행하는 겁니다. 이는 에이즈에 대한 뿌리 깊은 편견입니다. 수십 년 전에 처음 발견되었을 때 에이즈는 죽음의 병, 불치의 병으로 불리며 치료가 불가능했습니다. 그러나 에이즈는 자연의 형벌도 아니고 신이 내린 천형(天刑)도 아닙니다. 에이즈는 간염이나 고혈압처럼 단순히 질병일 뿐입니다. 바이러스에 의해 전염되는 질병 그 이상도 그 이하도 아닌 것이죠. 마치 당뇨나 고혈압 환자가 혈당이나 혈압을 조절해 병을 관리하듯이 에이즈는 약물로 관리가 가능한 질병입니다. 비록 완치할 수는 없지만 잘 관리하면 정상인처럼 살아갈 수 있는 만성질환이 되었습니다.

:: 동성애는 변태 성욕?

국어사전은 동성애를 '동성 간의 사랑 또는 동성에 대한 사랑'으로 풀이합니다. 그런데 몇 년 전만 해도 국어사전의 설명은 달랐습니다. 도서관에 가서 수년 전, 혹은 십수 년 전에 나온 국어사전을 들춰 보세요. 아마 '동성끼리 하는 변태적 연애'로 풀이되어 있을 겁니다. 동성애를 병리적인 현상으로 규정한 겁니다. 그 사전 속의 동성애자는 한마디로 '미친놈'입니다. 동성애를 바라보는 국어사전의 인식 수준은 얼마 전까지만 해도 이 정도였습니다. 2008년 국립국어원이 『표준국어대사전』을 개정하면서 동성애는 변태 성욕이라는 오명을 벗고 같은 성끼리의 사랑이라는, 가치 중립적인 설명을 얻었습니다. 서구에서도 동성애는 1950년 전까지 범죄로 취급되다 1950년 이후부터 범죄가 아닌 정신 질환으로 다뤄졌습니다. 그리고 1973년에 미국 정신의학협회는 정신질환의 목록에서 동성애를 삭제하기에 이르렀습니다.

동성애는 과연 미친 짓, 달리 말해 변태 성욕일까요? 결론부터 말하자면 동성애와 변태 성욕은 무관합니다. 특별히 동성애자들이 변태적인 성 행동을 일삼는다고 말하기는 어렵습니다. 동성애와 변태 성욕 사이에 관련이 있다면 그것은 이성애와 변태 성욕 사이에 관련이 있는 만큼만 그럴 겁니다. 즉 이성애자 가운데 일정한 수로 변태 성욕자들이 있는 것처럼, 동성애자 가운데도 일정한 수로 변태 성욕자들이 있을 수 있습니다. 특별히 동성애자 가운데 변태 성욕자들이 더 많다거나 모든 동성애자가 변태 성욕자라고 말할 근거는 어디에도 없습니다. 예나 지금이나 사람들의 깊은 존경심을 받는 이들 가운데도 상당수의 동성애자가 있었습니다. 플라톤, 미켈란젤로, 레오나르도 다빈치, 슈베르트, 차이코프스키 등이 그들입니다. 그들은 하나같이 미친놈이었을까요? 만약 어떤 동성애자가 정신 질환을 앓는다면 그것은 동성애 때문이 아니라 동성애를 금기시하는 사회 때문입니다. 동성애를 미친 짓으로 여기는 사회가 동성애자를 미치게 만드는 것이죠.

:: **동성애는 짐승만도 못한 짓?**

동성애가 짐승만도 못하다고 생각하는 이유는 뭘까요? 짐승에게서는 동성애가 발견되지 않고 오직 인간에게서만 동성애가 발견된다고 생각하기 때문입니다. 이는 동성애에 대한 일종의 자연주의적 반론입니다. 동성애가 과연 자연에서 관찰되지 않을까요? 많은 과학자들은 자연을 잘 들여다보면 동성애가 드물지 않다고 지적합니다. 동물학자 최재천 교수의 설명입니다.

동성애가 다양한 동물들에서 광범위하게 관찰된다는 주장입니다. 따라서 자연에서 관찰되지 않는다는 이유로 동성애를 짐승만도 못한 짓, 더 나아가 자연의 질서를 거스르는 짓이라고 비난하는 것은 애초부터 잘못입니다.

백번 양보해서 자연에서 동성애를 관찰할 수 없다면 동성애는 짐승보다 못한 짓이 될까요? 결론부터 말하자면 자연에서 관찰되든 안 되든 아무 상관이 없습니다. 동물의 행동을 바탕으로 인간 사회도 그러해야 하지 않을까, 반대로 인간의 행동을 바탕으로 동물 세계도 그러해야 하지 않을까 하고 주장하는 것은 '자연주의적 오류'입니다. 자연의 세계와 인간의 세계는 엄연히 다릅니다. 서로 다른 두 세계의 문턱을 넘나들며 두 세계의 범주를 섞으면 오류가 발생합니다. 사자가 토끼를 잡아먹듯이 인간도 자기보다 약한 사람을 잡아먹어야 하는 건 아닙니다. 반대로 인간의 윤리를 적용해서 사자가 자기보다 약한 동물을 잡아먹는 것이 옳지 않다고 말할 수도 없습니다. 동물 세계에서 관찰된다고 해서 인간 사회에서 정당화되는 것도 아니고, 동물 세계에서 관찰되지 않는다고 해서 인간 사회에서 정당화되지 않는 것도 아니죠. 동물의 질서를 인간에 적용할 수 없고, 인간의 윤리를 동물에 적용할 수도 없습니다.

:: 동성애는 종의 보존이라는 인류의 목적에 반한다?

동성애를 반대하는 사람들은 동성애가 종의 보존이라는 자연의 섭리를 거스르기 때문에 반자연적이라고 주장합니다. 이 주장 역시 앞에서 설명한 '자연주의적 오류'로 쉽게 반박할 수 있습니다. 인간은 자연의 일부이지만 자연의 질서가 곧 인간의 질서는 아닙니다. 인류의 존재 이유가 종의 보존과 종족 번식이라고 결정한 사람은 누구인가요? 나라는 개인은 종의 보존을 위해 이 땅에 태어난 게 아닙니다. 자기의 존재 이유는 자기 밖에 있지 않고 자기 안에 있습니다. 그것도 사람마다 다 다릅니다. 답은 하나일 수 없고, 정해진 답도 없죠. 게다가 인간의 모든 행위가 종의 보존을 목적으로 하지도 않습니다. 인간의 존재 이유가 널리, 그리고 많이 씨를 뿌리는 데 있다면 그것과 무관한 인간의 활동, 가령 예술이나 종교 활동은 인류의 목적에 아무런 도움이 되지 않는 무가치한 활동이 되고 맙니다. 그 누구도 모두가 종족 번식을 위해 살아야 한다고 강요할 수 없습니다.

설사 종의 보존이 인류의 목적이 된다 해도 사정은 마찬가지입니다. 종의 보존이 인류의 목적이라 할 때, 그 목적은 행위의 원인이 아니라 행위의 결과로 이해하는 게 마땅합니다. 인간의 모든 행위가 종의 보존을 목적으로 한다기보다 인간의 어떤 행위가 결과적으로 종의 보존에 기여합니다. 이를테면 자기의 행복을 위해 낳은 아이가 의도하지 않았지만, 결과적으로 종의 보존이라는 인류의 목적에 기여하는 식이죠. 결국 인간의 모든 행위가 항상 종의 보존을 위해 존재하는 것이 아니라 인간의 어떤 행위가 때로 종의 보존에 기여하는 겁니다. 만약 종의 보존이 행위의 결과가 아닌 원인으로서의 목적이 되어 버리면, 그 목적에 기여하지 않거나 못하는 이들은 도덕적인 비난을 면할 수 없습니다. 자식을 원하지 않거나 가질 수 없는 사람들뿐만 아니라 종교적인, 혹은 종교와 무관한 독신자들까지도 전부 비난받게 되죠. 따라서 종의 보존이라는 전체의 목적을 곧바로 개인의 목적으로 바꿔치기해서는 안 됩니다. 생식은 어디까지나 개인의 자유이지 의무가 아니기 때문입니다.

:: 동성애는 하나님의 질서를 거스른다?

(남자에게) "너는 여자와 교합함같이 남자와 교합하지 말라, 이는 가증한 일이니라."

— 「레위기」, 18장 22절

오늘 한국의 많은 동성애 반대자들은 종교인들입니다. 그들은 대개 기독교인들입니다. 그들은 성서에서 근거를 가져와 동성애에 반대합니다. 성서는 동성애를 가증한 죄로 봅니다. 성서의 기록이 모두 진리라면 더 이상의 반론은 있을 수 없겠죠. 교회에서는 성서의 일획일점도 오류가 없다고 하지만 꼭 그런 것 같지도 않습니다. 가령 "돼지는 굽이 갈라져 쪽발이로되 새김질을 못하므로 너희에게 부정하니 너희는 이 고기를 먹지 말고 그 주검도 만지지 말라. 이것들은 너희에게 부정하니라."(「레위기」, 11장 7~8절) 같은 구절을 보세요. 성경을 글자 그대로 믿고 따른다면 기독교인들은 돼지고기를 먹지 말아야 합니다. 그런데 현실이 그런가요? 그들도 돼지고기를 먹습니다. 돼지고기 금식을 글자 그대로만 이해하지 않고 문맥적으로 이해하기 때문이죠. 다시 말해 돼지고기를 먹지 말라는 성경 말씀을 글자 그대로 읽지 않고 성경이 기록된 역사적·문화적 맥락에서 읽는 것이죠. 성경에는 심지어 장애인이 예물을 드리는 자리에 나오지 말라고도 쓰여 있습니다.(「레위기」, 21장 16~21절) 오늘의 눈으로 보자면 분명히 장애인 차별입니다. 돼지고기와 마찬가지로 장애인이나 동성애자에 대한 성서의 기록은 어디까지나 역사적·문화적 맥락에서 받아들여야 합니다. 성서의 기록이 진리인 것은 글자의 차원이 아니라 해석의 차원에서죠.

우려스러운 것은 동성애를 반대하는 교회의 논리가 교회 밖으로 나오는 거죠(그렇다고 동성애를 반대하는 논리가 교회 안에 머물면 아무 문제가 없다는 건 아닙니다. 교회 안의 동성애자들도 분명히 고통 받고 있을 테니까요). 성서의 논리가 사회로 월경(越境)하는 순간, 하느님의 이름으로 소수자를 박해하는 비극이 벌어집니다. 비유가 아니라 진짜로 현대판 마녀사냥

이 벌어질 수 있는 것이죠. 가령 차별 금지법을 둘러싼 사태가 그렇습니다. 현재 '동성애 차별 금지법'이 추진 중입니다. 국가인권위원회의 입법 권고로 정부는 수년 전부터 차별 금지법을 준비하고 있었습니다. 그런데 이 법의 제정은 보수 기독교계의 강한 반대에 부딪혀 지지부진한 상태에 있습니다. 애초 이 법안에 담길 예정이었던 18개 항목의 차별 가운데 성적 취향(성적 지향)이 포함된 게 발단이었습니다. 보수 기독교계는 금지되는 차별 사유에서 동성애를 삭제할 것을 강력하게 요구했죠. 이처럼 한국 사회에서 보수 기독교계의 힘은 막강합니다(이명박 대통령은 서울 시장 시절 "서울시를 하나님께 봉헌하겠다."라고 발언했습니다. 시장이 공개적인 자리에서 그런 말을 할 수 있을 만큼 한국 사회에서 기독교의 힘은 강력합니다). 교회는 그 막강한 힘으로 동성애자의 인권을 뒤로 밀고 있습니다. 앞으로 나아가지 않고 멈춰 있으면 후퇴하는 게 인권이니까요. 교회의 논리가 사회를 함부로 휘젓고 다니지 못하게 막아야 하는 이유입니다.

∷ 진짜 선과 진짜 악

동성애는 그 자체로 좋거나 나쁘지 않습니다. 흑인이나 여성이라는 것이 그 자체로 좋거나 나쁘지 않듯이 말입니다. 흑인이나 여성이 자신의 권리를 주장하는 것은 그들이 백인이나 남성보다 더 가치 있다거나 존엄하기 때문이 아니라 백인이나 남성과 마찬가지로 가치 있고 존엄하기 때문입니다. 그들은 백인이 흑인이 되어야 한다고, 남성이 여성이 되어야 한다고 주장하지 않습니다. 이는 동성애자도 마찬가지입니다. 동성애자는 이성애자를 부정하지도 혐오하지도 않습니다. 또한 이성애자가 동성애자가 되어야 한다고 말하지도 않습니다. 이성애자도 그렇게 하면 안 될까요? 동성애자가 원하는 것은 이성애자의 무심(無心)입니다. 그들에 대한 관심을 끄고 그냥 내버려 두는 것이죠.

강자는 자신의 혐오를 돌아보지 않습니다. 동성애에 관해서도 마찬가지입니다. 이성애자는 동성애에 대한 자신의 혐오를 반성하지 않습니다. 그러나 강자의 혐오는 부메랑이 되어 그에게 돌아올 수 있습니다. 장애인을 혐오하는 비장애인이 불의의 사고로 장애를 얻는다면 그 역시 똑같은 혐오를 받을 수밖에 없습니다. 우리에게 이성애가 자연스럽고 당연하듯이 그들에게 동성애는 자연스럽고 당연합니다. 동성애자가 이성애자에게 동성애를 강요하지 않듯이 이성애자도 동성애자를 그렇게 대하면 됩니다. 물론 동성애를 인정하자는 주장이 모두가 동성애자가 되자는 뜻은 아닙니다. 동성애를 인정하는 것과 동성애자가 되는 것은 전혀 다른 문제입니다. 장애인의 권리를 인정하자는 주장이 모두가 장애인이 되자는 주장은 아니듯이 말입니다.

선(善)이란 누군가에게 이롭지만 다른 누군가에게 해롭지 않은 상태를 뜻합니다. 이로움을 누리는 대상이 남이 될 수도 있고 내가 될 수도 있습니다. 꼭 남에게 이로운 것만이 선한 것은 아니죠. 어떤 행위가 남을 이롭게 하지는 못하더라도 자신에게 이롭고 동시에 남에게 전혀 해롭지 않다면 그 행위는 선으로 볼 수 있습니다. 동성애가 바로 그렇습니다. 동성애는 이성애자에게 아무런 실질적인 피해를 주지 않습니다. 그렇지만 동성애자 본인에게는 행복과 만족을 줍니다. 따라서 동성애는 동성애자 본인에게 이롭고 이성애자에게 해롭지 않다는 의미에서 마땅히 선(善)이 될 수 있습니다. 모든 인간은 자신의 행복을 추구할 권리가 있습니다. 행복을 추구할 권리를 근거 없이 억압하는 행위가 있다면, 그것이 바로 악(惡)입니다. 동성애자의 행복을 가로막고 비난하는 것이 악이 되는 까닭입니다.

유대인에게는 노란색, 동성애자에게는 분홍색, 사회주의자에게는 붉은색 삼각형 별. 70년 전 나치가 유대인, 동성애자, 사회주의자를 수용소에 가두면서 가슴에 달아 준 다른 색깔의 별들입니다. 가슴에 별을 단 그들은 수용소에서 이슬처럼 사라졌습니다. 나치의 하늘 아래 700만 개의 별들이 아프게 졌습니다. 현대사가 보여 주는 끔찍한 '악의 얼굴'입니다. 오늘의 한국은 그때의 나치와 얼마나 다를까요? 차별금지법을 금지하는 오늘의 현실이 우리를 씁쓸한 대답으로 이끕니다.

병영 사회를 떠도는 국가주의의 유령

한국 사회는 전우애로 뜨겁습니다. 사회 곳곳에 군사 문화의 공기가 가득 차 있습니다. 얼마 전까지 학교에는 기합과 같은 군대식 체벌이 일상화되어 있었습니다. 운동장 애국조회는 군대의 연병장 사열을 연상시킵니다. 맞춰진 열과 줄 사이를 흐르는 팽팽한 긴장과 질서가 그렇습니다. 수업이 시작되면 반장은 이렇게 외치죠. "차렷, 선생님께 경례!" '차렷'이나 '경례'는 군대에서나 쓸 법한 말들입니다. 학생 한 명이 잘못하면 같은 반 모두가 혼나는 연대 처벌도 군대식입니다. 대학교 신입생 신고식으로 치러지는 단체 기합도 군대식 문화입니다. 병영 체험 캠프는 방학 기간에 성업을 이룹니다. 학생뿐만 아니라 주부나 직장인 등도 많이 참여합니다. 이처럼 한국 사회는 군대식 문화와 열정으로 무장하고 있습니다. 한마디로 대한민국은 병영 사회입니다.

　병영 사회에서 사람은 군대를 다녀온 사람과 그렇지 않은 사람으로 나뉩니다. 제대한 남성들이 주류인 사회에서 군대 갔다 오지 않은 사람들은 비주류로 밀려납니다. 물론 재벌가 자식처럼 이미 주류에 편입되어 있는 사람들은 예외입니다. 남성의 경우 이력서에 현역 복무를 마쳤다('병역 필')는 기록이 없으면 불이익이 주어집니다. 신체적·정신적으로 무언가 문제가 있는 사람, 책임을 회피하거나 남자답지 못한 사람 등 '하자 있는 사람'으로 낙인찍힐 수 있죠. 2011년 LG패션, 홈플러스, 삼양그룹, 신도리코 등은 장교를 지낸 신입 직원을 별도로 모집했습니다. 아르바이트 채용에서도 군필자를 선호합니다. 아르바이트 구직 포털 알바천국은 자사 사이트에 등록된 채용 공고 85만여 건을 분석한 결과 12.5퍼센트가량이 군필자를 우대하는 것으로 집계됐다고 밝혔습니다.(『연합뉴스』 2011년 4월 17일자) 군대에 가지 않는 여성이나 갈 수 없는 남성(질병이나 장애, 고아, 전과자 등의 이유로 군 복무를 면제받은 남성)은 "군대도 안 갔다 왔으면서." 하는 식으로 무시당하기 십상입니다. 법적으로 성인이라도 군 복무를 하지 않은 남성('군대도 안 갔다 온 어린놈')은 온전한 성인으로 인정받지 못합니다('군필자 환영'). 헌법 제39조 1항은 "모든 국민은 법률이 정하는 바에 의하여 국방의 의무를 진다." 라고 규정하죠. 그렇다면 병역 의무가 없는 여성은 어떤 국민일까요?

국민의 의무를 다하지 못한 '3류 국민'일까요? 헌법은 그렇게 보지 않겠지만 어떤 남성들은 그렇게 보는 듯합니다.

"군대 안 가는 것들은 입 다물어라!" 일부 예비역 남성들이 군 가산점 문제를 비판하는 여성들에게 하는 말입니다.✻ 예비역 남성들의 문제 제기는 애초에 그 대상부터 잘못됐습니다. 군 복무로 인한 시간적·경제적 손해는 여성의 탓이 아닙니다. 예비역 남성들은 여성이 아니라 국가에 따져 물어야 합니다. 여성에게 "너희는 왜 군대 안 가냐?"라고 물을 게 아니라 국가에 "우리는 왜 군대에 가야 하나?"라고 물어야 합니다. 다시 말해 국가를 향해 징병제가 아니라 모병제를 요구해야 합니다. 시간적·경제적 손해에 대한 보상 역시 여성(이나 군대 가지 않은 사람)이 아니라 국가에 요구해야죠. 예비역 남성들은 사병 월급을 대폭 인상하거나 입사(入社) 시 호봉 산정에 군 복무 기간을 포함하는 등, 좀 더 직접적이고 실효적인 보상 방법을 요구할 필요가 있습니다. 군 가산점은 여성(과 군대 가지 않은 사람)을 차별한다는 점에서 그들에게 보상을 요구하는 방식으로 볼 수 있습니다.

"군대 갔다 와야 사람 된다." 혹은 "군대 갔다 와야 어른 된다."는 말은 거의 관용적 표현처럼 굳어져 사용됩니다. 이 말들에 따르면 군대는 '사람다운 사람'으로 다시 태어나거나 '어른다운 어른'이 되는 곳입니다. 군대는 정말 철없는 사람을 철들게 만들까요? 군 생활을 통해 완성되는 '사람'과 '어른'은 어떤 사람과 어른일까요? 보통은 주어진 일에 열심을 다하고 모나지 않게 사회생활을 잘하는 그런 사람일 테죠. 그는 자기 의견을 강하게 내세우지 않고 조직의 질서에 적당히 순응하는 사람일 겁니다. 한마디로 딴죽 걸지 않고 문제 일으키지 않는 사람입니다. "나서지 말자!"는 사회생활의 필수 덕목입니다. 괜히 나섰다가 왕따로 찍힐지도 모르니까요. 군대에서도 늘 '중간만 하자'를 되뇌곤 합니다. 그러니 '좋은 게 좋은 거'라는 식으로 옳지 못한 일도 관례로 여기고 침묵할 따름이죠.

군대에서 민간인이 군인으로 변모하는 과정을 살펴보면 군대에서 길러지는 '사람 되기'의 실체를 확인할 수 있습니다. 군대는 명령에 무조건 복종하고 자신보다 전체를 먼저 생각하도록 강제합니다. 한마디로 타율적이고 전체주의적인 규범을 내면화시키죠. '명령과 복종의 논리' '개인보다 전체를 내세우는 논리'는 군대의 근간입니다. 절대 복종이 없다면 군대란 성립할 수 없는 것이죠. 따라서 군인은 그 명령의 윤리성과 도덕성에 대해 질문하지 않습니다(생각하지 말 것!). 군인은 이성의 목소리에 따라 상관의 명령에 불복종할 수 있는, 자유로운 인

간이 아닙니다. 군인은 이성적 판단을 유보한 채 일방적 명령
에 따라 무조건 '까라면 까야' 하는 존재입니다. 결국 군대에
서 길러진 인간은 이성적으로 사고하고 판단하는 사람이 아니라 절대
적으로 명령에 복종하고 조직에 순응하는 사람입니다. 즉 자율적 주
체가 아니라 타율적 존재입니다. "나는 단지 명령에 따랐을 뿐이다."
아우슈비츠와 1980년 5월의 광주에서 반복된 자기변명입니다.

군대에서 체득하는 인내라는 것도 명령에 무조건 복종하는 존재의
덕성에 불과합니다. 그런즉 군대에서의 인내란 결코 타인을 배려하는
인내가 아니죠. 무분별한 욕망을 억제하고 타인을 배려하는 그런 인
내와는 거리가 멉니다. 그 타인이 고참(선임병)이라면 또 모를까요. 군
대에서 기른 인내심이란 약자 앞에서 겸손하게 자신을 낮추는 마음
이 아니라 강자 앞에서 비굴하게 자신을 낮추는 마음입니다. 그때의
낮춤 역시 자율적 의지에 따른 것이 아니고 타율적으로 강제된 것에
불과합니다. 선임병에 억눌려 자기 욕망을 억제하는 경우는 있어도 후
임병을 배려해 자기 욕망을 억제하는 경우는 없습니다. 수직적 위계질
서 안에서 굴종하는 인내일 뿐 수평적 인간관계 안에서 배려하는 인
내가 아닌 거죠. 결국 군대에서의 인내심이란 명령에 따르고 조직에
복종하며 위계질서를 받아들이는 인내심입니다.

군대를 제대하고 사회로 나와도 상황은 크게 달라지지 않습니다.

군대식 질서는 협동과 공동체의 이름으로 학교, 기업, 민간단체에서 재생산됩니다. 가령 기업에서 활용되는 군대식 조직 원리를 떠올려 봅시다. 상명하복의 의사 체계, '하면 된다' 식의 불도저식 경영 방식, 일사불란한 지휘와 통솔 등 군대식 사고와 질서는 기업 내부에 뿌리 깊게 자리 잡고 있습니다. 당연한 결과지만 개인의 개성보다 조직의 통일성이, 개인의 자유보다 조직의 질서가 더 강조됩니다. 조직 내의 비리 같은 것도 조직 전체의 안정을 생각해 눈감아야 합니다. 내부 비리를 고발하면 사회 부적응자로 낙인찍히기 때문입니다('또라이'). 자신의 개성을 죽이고 조직에 순응하며 기존 질서에 딴죽 걸지 않는 사람이 바로 군대 다녀온 이의 최종 목적지입니다. 따라서 "군대 갔다 와야 사람 된다."에서 말하는 사람이 올곧고 정의로우며 정정당당한 사람은 아닌 듯합니다. 결국 "군대 갔다 와야 사람 된다."는 "군대 갔다 와야 소시민 된다."의 다른 표현이 아닐까요? 그때의 사람이란 기껏해야 비판적 의식을 거세당한 '길들여진 인간'일 뿐입니다.

한국 사회에서 군대는 여러 논란과 문제를 일으키고 있습니다. 군대 내부의 구타나 가혹 행위, 병역 미필자를 차별하는 군 가산점, 군사 문화의 억압적·비민주적 분위기 등등. 그 가운데 지금까지 금기시되다시피 한, 그래서 첨예한 논쟁점을 갖는 문제가 바로 양심적 병역 거부입니다. 양심적 병역 거부란 집총(執銃: 총을 쥐거나 지님)이 자신의 양심에 반한다고 생각하여 거부하는 행위입니다. 현재 병역 거부의 경우, 입영 전의 거부는 병역법 제88조에 따라 입영 기피죄로, 입영 후의 거부는 군형법 제44조에 따라 항명죄(抗命罪)로 처벌받습니다.

사실 양심적 병역 거부는 최근에 불거진 문제가 아닙니다. 지난 70년 동안 이 땅에서 1만 5천여 명이 병역 거부로 처벌을 받았습니다. 전 세계에서 가장 오랫동안, 그리고 가장 가혹하게 병역 거부자들을 감옥에 가둔 나라가 바로 대한민국입니다. 양심적 병역 거부자에 대한 거부감은, 남북한 대치의 특수성도 관련되지만, 기본적으로 이들 대부분이 여호와의 증인이라는 소수 종파에 속한다는 점에서 발생합니다. 한국의 기독교 안에서 여호와의 증인은 이단(異端)으로 배척되어 왔습니다. 결국 양심적 병역 거부에 대한 거부감은 이단에 대한 거부감과 맞닿아 있습니다. 그러나 이 문제는 여호와의 증인이라는 특정 소수 종파만의 문제가 아니죠. 수적으로 소수지만 종교 이외의 신념, 가령 반전·비폭력·평화주의 등에 따라 병역을 거부하는 이들도 엄연히 존재하기 때문입니다. 종교적이건 비종교적이건 군대와 전쟁을 거부하고 평화를 추구하는 것은 분명 사상과 양심의 자유에 속할 겁니다.

양심적 병역 거부자에 대한 일반적인 편견은 그들만 양심이 있느냐는 겁니다. 달리 말해 병역의 의무를 이행한 이들은 '비양심적 병역 이행자'냐는 반론입니다("그럼 군대 갔다 온 사람은 비양심적이라는 거냐?"). 양심적 병역 거부는 병역 거부가 자신의 양심에 기초한 것이라는 뜻일 뿐 병역 의무 이행이 비양심적이라는 뜻은 절대 아닙니다. 이 같은 오해는 '양심적'이라는 말의 오해에서 비롯된 것입니다. 양심적 병역 거부에서 '양심적'의 의미는 자기 마음에 비추어 보았을 때 떳떳하다는 의미이지 객관적으로 '착한 마음'이라는 뜻은 아닙니다. 헌법 제19조('모든 국민은 양심의 자유를 가진다')가 보장하는 양심의 자유도 모든 국민이 착한 마음의 자유를 가진다는 의미는 아닙니다. 그때의 양심은 지극히 개인적이고 주관적인 마음의 소리를 가리킵니다. 따라서 두 가지 서로 다른 일이 각자의 양심에 따라 떳떳한 행위가 될 수 있는 것이죠. 이 같은 오해를 불식하기 위해 일부에서는 '양심적 병역 거부' 대신에 '(자신의) 양심에 따른 병역 거부'라고 말하기도 합니다.

양심적 병역 거부자에 대한 또 다른 편견은 그들이 '군대 가기 싫은 놈들'이라는 것입니다. 즉 자기밖에 모르는 이기주의자들이라는 것! 일반인이 생각하는 것처럼 양심적 병역 거부자가 일부러 병역 의무를 회피하는 건 아닙니다. 양심적 병역 거부와 병역 기피는 어떻게 다를까요? 양심적 병역 거부자는 사회에 해악을 끼치지 않습니다. 그들의 신념은 타인에게 어떤 직접적인 위해(危害)도 가하지 않습니다. 게다가 몰래 법을 어기는 것도 아닙니다. 부당한 사익을 취하려고 몰래 범법 행위를 저지르지 않았다는 겁니다. 그들은 어디까지나 공개적으로 법을 어김으로써 법의 부당성을 폭로하는 동시에 자신의 정당성을 증명하려 합니다. "부당한 정부 아래에서, 정의로운 사람이 있어야 할 진정한 공간은 감옥뿐이다."라는 헨리 데이비드 소로의 말처럼 감옥 안에서 자기의 온몸으로 법의 부당성을 호소하고 있는 겁니다. 다시 말해 법의 부당함을 밝히려고 스스로를 희생양으로 삼는 것이죠. 병역 의무를 거부함으로써 그들이 얻는 이익은 없고 받는 손해는 큽니다. 바로 이 점에서 그들은 병역 비리를 통해 병역을 기피하는 사람들과 결정적으로 다릅니다.

양심적 병역 거부자들은 그들의 행위('병역 거부')로 인해 발생하는 불이익을 감수합니다. 그들은 군 복무 대신 적게는 1년 6개월에서 많게는 3년까지 수감 생활을 하고, 출소 후에는 전과자라는 낙인이 찍힌 채 살아갑니다. 한국 사회에서 전과자로 살아가는 것은 대단히 어려운 일입니다. 일반 회사에 취직하기도 어렵고, 공무원 시험에 응시할 수도 없습니다(금고 이상의 형을 받은 사람은 공무원 시험에 응시할 자격이 박탈됩니다). 결국 양심에 따라 병역을 거부한 결과로 그들에게 돌아가는 대가는 전과자라는 딱지와 죽을 때까지 따라다니는 차별입니다. 병역 비리를 저지르는 이들이 그 행위('병역 기피')를 통해 불법적 이익을 취하는 것과는 분명히 대조적입니다. 이처럼 양심적 병역 거부와 병역 기피는 그 행위를 통해 얻는 결과가 정반대입니다. 그 둘이 결코 같지 않은데도 양심적 병역 거부는 병역 기피나 이기주의로 매도당합니다. 흔히 '아는 만큼 보인다'라고 하는데, 이 같은 편견을 생각하면 '믿는 대로 보인다'라고 해야 할 것 같습니다.

쟁점은 간단합니다. 의무와 자유의 충돌입니다. 국민이 지켜야 할 병역의 의무와 개인이 추구하는 양심의 자유가 상충하는 것이죠. 한국 사회는 아직까지 종교·양심의 자유보다 국방·병역의 의무를 앞세우고 있습니다('신성한 국방의 의무'). 국가의 안전이 보장되지 않으면 양심의 자유를 비롯한 행복추구권도 보장될 수 없다는 이유에서 그렇습니다("안보 없이 국가 없고 국가 없이 국민 없다"). 한마디로 아무도 군대를 가지 않으면 누가 나라를 지키겠느냐는 반론입니다. 그러나 반대 논리도 충분히 가능합니다. 우리는 자유와 민주주의를 지키기 위해 북한과 대치 중입니다. 우리가 지켜야 할 가치('자유')를 위해 그 가치를 포기하자고 하는 건 모순입니다. 우리가 추구하는 최종 목표는 안보가 아니라 자유죠. 최종 목표가 자유인데 그 수단인 안보를 앞세워 자유를 억압하는 것은 모순적입니다. 우리가 추구하는 자유는 어디까지나 개인의 자유이지 국가의 자유가 아닙니다(국방의 의무는 원래부터 절대적으로 신성한 게 아닙니다. 국가가 신성하다고 규정하고 세뇌하기 때문에 그렇게 된 것입니다).

이것 아니면 저것 식의 이분법에 갇히면 결론은 하나뿐입니다. 바로 처벌! 제3의 길은 정녕 없을까요? 대안은 분명 있습니다. 다만 지금까지 진지하게 들여다보지 않았을 뿐입니다. 대체 복무 제도가 바로 그 대안입니다. 이 제도는 양심적 병역 거부자에게 최소한의 군사 훈련조차 강요하지 않으면서 비전투 분야의 사회봉사 활동으로 군 복무를 대신하도록 하는 제도입니다. 결국 군 복무에 상응하는 사회봉사 활동을 통해 국민의 의무를 다하도록 하는 것이죠. 병역 거부자가 거부하는 것은 군사훈련이지 국민의 의무가 아닙니다. 그들은 자신의 의무를 이행하고자 합니다. 다만 대체 복무를 허용하지 않는 현재로선 마땅한 방법이 없을 따름입니다. 국방의 의무를 반드시 군사훈련과 전투 분야로 한정할 필요는 없지 않을까요?

미국뿐만 아니라 서유럽 대부분의 나라들이 양심적 병역 거부자의 대체 복무를 인정하고 있습니다(미국은 징병제를 실시하지 않고 있으나 국가 비상시에 징병제 실시가 가능한 나라입니다. 징병제를 실시하더라도 양심적 병역 거부를 인정하고 있습니다). 독일, 덴마크, 스페인, 핀란드, 포르투갈은 우리나라처럼 징병제도를 시행하고 있지만 대체 복무를 허용하고 있습니다. 서유럽만 그런 것도 아닙니다. 폴란드, 헝가리, 불가리아도 징병제 국가지만 대체 복무를 인정합니다. 세계적으로 대체 복무를 허용하고 있는 나라는 40여 개국에 달합니다. 반면 대체 복무를 허용하지 않고 양심적 병역 거부자를 처벌하는 나라들도 있습니다. 북한, 중국, 필리핀, 베트남, 멕시코, 콜롬비아 등 50여 개국은 양심에 따른 병역 거부를 인정하고 있지 않습니다. 핵심은 앞의 숫자는 계속 늘어나고 뒤의 숫자는 점점 줄어들 것이라는 점입니다(아예 징병제를 실시하지 않는 나라는 70개국이 넘습니다).

대체 복무를 반대하는 이들은 한국의 사정이 미국이나 서유럽과

완전히 다르다고 주장합니다. 그들은 남북이 대치하고 있는 분단 상황이라는 특수성을 지적합니다. 그런데 정말 다를까요? 미국은 독립전쟁 때부터 양심적 병역 거부를 인정하기 시작했습니다. 이후 남북전쟁, 제1차 세계대전, 제2차 세계대전, 베트남전쟁을 거치면서 병역 거부의 범위를 꾸준히 확대해 왔습니다. 영국도 1916년 제1차 세계대전의 한복판에서 양심적 병역 거부를 인정했고, 최근에 양심적 병역 거부를 인정한 대만도 한국보다 나을 게 없습니다. 대만도 중국과 군사적 긴장 관계에 있기 때문입니다. 1948년 건국 이후 전시 상태를 벗어나지 못한 이스라엘 역시 안보 상황이 한국보다 나을 게 없습니다. 이스라엘은 공식적으로 양심적 병역 거부를 인정하지 않지만, 실제로는 양심적 병역 거부자에게 상당한 예외를 인정하고 있습니다. 아랍계 이스라엘인, 종교적 병역 거부 등이 예외로 인정되고 있습니다.

사람들은 대체 복무 제도를 허용하면 입영 대상자들이 대거 대체 복무에 몰릴 것이라고 걱정합니다. 대체 복무를 허용하면 비양심적 병역 거부, 곧 병역 기피가 만연할 거라는 걱정입니다. 걱정은 병력이 감소하고 국방력이 약화될 것이라는 우려로 이어집니다("모두 군대를 기피하면 누가 나라를 지키느냐?"). 이 같은 우려에 이르면 개인의 자유 같은 건 눈에 들어오지 않습니다("안보 없이는 자유란 없다"). 그러나 대체 복무의 오용 문제는 복무 기간을 늘림으로써 충분히 방지할 수 있습니다. 현역보다 복무 기간을 몇 개월만 늘려 잡아도, 함부로 대체 복무를 선택하는 일은 없을 겁니다. 정치권 일부에서 논의된 적 있는 복무 기간은 육군 현역병의 1.5배 정도입니다(국회의원 임종인, 노회찬 발의안).

대체 복무가 특혜가 아니냐는 지적도 있습니다. 현재도 현역 복무 연령 남성들의 상당수가 이런 저런 이유로 공익 근무, 병역 특례(산업 기능 요원) 등 비전투 업무에 종사하고 있습니다. 이 점에서 대체 복무는 대단한 특혜가 아닙니다. 차이라면 4주 기초 군사훈련을 아예 받지 않는다는 점뿐입니다. 이들에게 특별 대우를 하자는 건 결코 아닙니다. 다만 양심을 지키면서 국민의 의무도 다하게 하자는 것뿐입니다. 대체 복무가 형평에 어긋난다고 생각하면, 형평에 맞는 대체 복무 제도를 마련하면 됩니다. 소방서나 장애인 수용 시설 등도 좋고, 더 험하고 어려운 곳이라도 상관없습니다. 실제로 많은 양심적 병역 거부자들은 대체 복무의 고됨이나 복무 기간 연장을 상관하지 않고 있습니다. 그들이 바라는 것은 현역보다 편한 복무 환경이 아니라 대체 복무 그 자체입니다.

현역 복무자들이 대체 복무 허용에 대해 느낄 상대적 박탈감은 이해합니다. 그들의 박탈감에는 분명 정당한 이유가 있습니다. 줄어들고 있긴 하지만, 1997년 273명부터 2009년 113명까지 매년 100명 이상이 군 복무 중에 사망하고, 그중 절반 이상이 자살로 사망한다고 합니다. 그 원인은 폭력적이고 비민주적인 병영 문화와 열악한 복무 환경 등일 겁니다. 사병 월급도 예전과 비교하면 다소 인상되긴 했지만, 여전히 낮은 수준입니다. 한국국방연구원(KIDA)이 2007년에 병사 2,330명을 대상으로 조사한 결과에 따르면 81퍼센트가 월급이 턱없이 부족하다고 답변했습니다. 상병 기준으로 독일은 월급 2,172달러를 받지만, 한국은 84달러를 받습니다(2007년 기준). 같은 징병제 국가인데도 독일은 한국보다 20배가 넘는 월급을 주는 셈입니다. 또한 제대 후에도 이렇다 할 보상이나 혜택이 제대로 주어지지 않습니다. 그러니 그들의 박탈감과 분노에는 정당한 이유가 있는 것이죠. 문제는 분노의 대상입니다. 그들이 분노를 느껴야 할 대상은 병역 거부자들이 아니라 대한민국 정부입니다. 지금까지도, 불합리한 병역 제도를 유지하고 강요해 온 대한민국 정부 말입니다.

대체 복무로 인해 발생할 수 있는 문제들 때문에 대체 복무를 반대하는 것은 옳지 않습니다. 제도를 통해 합리적으로 문제를 해결할 수 있다면 그렇게 해야지, 감옥에 보내는 방법으로 문제를 해결하려 해서는 안 됩니다. 그것은 국가의 직무 유기입니다. 양심적 병역 거부자를 처벌하는 것과 대체 복무 중에서 어느 것이 사회 전체에 이익이 될까요? 답은 아주 간단합니다. 그들을 처벌하는 건 사회에도 손해입니다. 대체 복무를 허용하지 않는 것은 두 가지 불행을 낳습니다. 개인적으로 그들이 전과자가 되는 불행이고, 사회적으로 필요한 인력을 낭비하는 불행입니다. 불행을 막을 수 있는데도 막지 않는 것은 악입니다. 국가는 언제든지 선을 가장해 악을 행할 수 있다는 걸 잊지 맙시다.

　우리가 지키고자 하는 것은 평화입니다. 평화를 지키기 위해 평화를 위협하는 이들을 가두어 둘 수 있을 겁니다. 이때 두 가지를 잘 가려 보아야 합니다. 첫째, 평화를 위협한다고 간주된 이들이 오히려 평화를 추구하고 있지 않은지. 둘째, 기존의 억압적인 체제나 질서가 평화의 이름으로 정당화되고 있지 않은지. 사람들은 종종 기존의 체제나 질서를 안정되게 유지하는 걸 평화라고 착각합니다. 그러고선 그 질서를 위협하는 요소를 마치 평화를 위협하고 파괴하는 요소인 양 바꿔치기합니다. 그러나 기존 질서가 억압과 차별의 질서라면, 겉으로 조용하고 평화롭다 할지라도, 그것은 진정한 평화의 상태일 수 없습니다. 그것은 평화를 가장한 폭력의 질서일 뿐입니다.

　식민주의자들의 눈에 간디는 평화를 해치는 사람이었습니다. 식민지의 주민들을 선동하여 식민지의 질서를 어지럽히는 '체제 전복자' 말입니다. 그래서 간디는 수없이 감옥에 갇혀야만 했습니다. 그러나 오늘날의 눈으로 볼 때 식민지 인도는 전혀 평화롭지 않았습니다. 영국 식민주의자들 편에서는 평화였지만 식민지 주민들 편에서는 평화가 아니었습니다. 그저 평화의 가면을 쓴 폭력이었습니다. 결국 식민지 인도의 평화는 거짓이었죠. 간디는 얼음벽 같은 거짓의 세상을 비폭력의 진실로 녹이려 했습니다. 그는 더 큰 평화를 추구하는 사람이었지 결코 평화를 해치는 사람이 아니었습니다. 마찬가지로 오늘의 평화를 위협한다고 여겨지지만 실제로는 내일의 평화를 추구하는 사람들도 있습니다. 양심적 병역 거부자들은 평화를 위협하지 않고 평화를 추구합니다.

겉으로는 평화를 내세우면서, 내일의 평화를 위한 실천을 탄압하는 것은 모순입니다. 그것은 평화를 위한다면서 전쟁을 준비하는 것처럼 모순적입니다("평화를 원하거든 전쟁을 준비하라!"). 평화를 위해 필요한 것은, 간디가 보여 준 것처럼, 뜨거운 전우애가 아니라 따스한 자매애입니다. 전쟁은 평화로 가는 길이 아닙니다. 평화를 위한 전쟁은 없습니다. 진정으로 평화를 원한다면 전쟁이 아니라 평화를 실천해야 합니다. 평화가 바로 길입니다. 평화를 위한 전쟁이 모순인 것처럼, 자유민주주의를 추구하는 사회에서 양심의 자유를 부르짖는 이들을 억압하는 것은 모순입니다. 의식과 무의식 깊이 뿌리박힌 군대식 사고와 열정을 거둬 내지 않으면 모순은 모순으로 보이지 않습니다. 평화를 위한 길이 전쟁일 수 없듯이 자유를 위한 길이 구속일 수는 없습니다. 그러니 양심의 자유를 원하는 이들을 감옥에서 놓아 주어야 합니다.

차이가 만들어 낸 또 다른 차별

남성의, 남성에 의한, 남성을 위한 말들

　　　　　"삼월 하늘 가만히 우러러 보며 유관순 누나를 생각합니다." 예전에는 광복절이 되면 으레 〈유관순 노래〉를 불렀습니다. 노래 속 유관순은 언제나 누나였죠. 부르는 사람의 성에 따라 호칭은 달라지기 마련입니다. 유관순은 그렇게 누나가 될 수도 있고 언니가 될 수도 있습니다. 그런데도 우리 귀에는 '유관순 언니'는 어색하고 '유관순 누나'만 익숙합니다. 우리의 마음속에 '유관순 누나'만 사는 탓입니다.

　　　　　'누나'의 화자(話者)는 남성입니다. '누나'는 남자 동생이 자기보다 나이 많은 여자 형제*를 부르는 말입니다. '유관순 누나' 역시 남성 화자를 전제하고 있습니다. 그 말 어디에도 여성의 자리는 없습니다. '유관순 누나'의 주인은 어디까지나 남성입니다.

어떤 말은 그것만의 주인을 갖습니다. 일테면 '국민 여동생 ○○○'의 주인은 ○○○의 오빠나 언니뻘 되는 사람입니다. 그 말은 그 주인에게만 복종합니다. 주인만이 그 말을 자유롭게 쓸 수 있습니다. 그 연예인보다 나이 어린 사람이 '국민 여동생 ○○○'라는 말을 쓰기가 민망한 이유입니다. '국민 여동생'과 달리 말의 주인이 은밀하게 숨어 있는 경우도 있습니다. 가령 '평가되다'의 의미로 쓰는 '~으로 보이다'가 그렇습니다. 예를 들어 "그는 똑똑해 보인다."라고 말할 때처럼 쓰는데, 이 말은 시각장애인의 입장에선 쓸 수 없습니다. 즉 이 말의 주인은 정상인, 곧 비장애인입니다.

반면 주인이 없는 말도 있습니다. 사랑, 슬픔, 인권에는 주인이 없습니다. 주인이 없다는 건 누구나 주인이 될 수 있다는 뜻입니다. 즉 누구나 자유롭게 쓸 수 있죠.

유관순 누나와 비슷한 예로 '하나님 아버지'가 있습니다. 개신교에서는 하나님을 '하나님 아버지'라고 부르고, 천주교에서는 '성부(聖父)'라고 부릅니다. "성부와 성자와 성령의 이름으로 아멘."이라고 할 때의

✻ '자매'가 아닙니다. '자매'와 달리 '형제'는 남자 사이, 여자 사이, 남녀 사이에 두루두루 사용됩니다. 그래서 형제애라는 말은 있지만 자매애라는 말은 없습니다. '자식(子息)'과 '여식(女息)'도 마찬가지입니다. '자식'은 남녀에게 모두 사용되지만 '여식(女息)'은 여자에게만 사용되죠.

그 성부 말이죠. '성부(聖父)'에도 '아버지'가 떡하니 버티고 있습니다. 성자(聖子)는 예수 그리스도를 가리킵니다. 예수야 실제로 남성이었으니 성자(聖子)로 부르는 게 당연하지만, 하나님이 아버지인 건 아무래도 납득하기 어렵습니다.

기독교 교리에서 하나님의 성(性)을 어떻게 가르치는지는 모르겠습니다. 다만 직관적으로 하나님은 남성일 수도 없고 여성일 수도 없죠. 한쪽 성을 지닌 하나님이라면 그 하나님을 신(神)으로 여기기는 어렵겠죠? 신은 완전한 존재이니까요. 한쪽 성만 지닌 하나님이라면 그 하나님은 반쪽짜리 신에 불과합니다. 따라서 하나님은 남성도 아니고 여성도 아니어야 합니다. 그렇지 않으면 남성이면서 여성이어야 합니다. 그래야만 하나님은 완전한 하나님일 수 있습니다.

그러나 하나님은 지금까지 줄곧 '하나님 아버지'로만 불렸습니다. 어머니가 될 수 없는 하나님! '하나님 어머니'는 귀에 설고, 심지어 이상하게 들리죠. 이는 남성 중심의 역사가 우리의 의식 안에 집어넣은 편견입니다. 지금까지 역사에서 말하는 주체는 언제나 남성이었습니다. 말하는 주체가 남성이었기에 '하나님 아버지'처럼 남성 쪽으로 기운 말들이 생겨났던 겁니다. 남성의 관점에서만 대상을 바라보고 규정했던 거지요. 그런 상황 속에서 하나님은 남성이 되었고 남성의 하나님이 되었습니다.

유소년, 청소년, 청년, 학부형도 '하나님 아버지'처럼 편향적입니다. 이 말들은 남녀 모두를 가리키지만 남성형을 택하고 있습니다. '효자 상품' '업계의 만형' '건국의 시조(아버지)'도 비슷한 맥락에 놓여 있습니다[시조(始祖)의 조(祖)는 할아버지를 가리킵니다]. 유소년, 청소년, 청년, 학부형은 익숙하고 자연스러운데 유소녀, 청소녀, 청녀, 학모형은 어색하고 부자연스럽습니다. 유소녀, 청소녀, 청녀, 학모형을 한글 프로그램에서 쳐 보면 그 아래 빨간 줄이 그어집니다. 그 말들이 한국어에 없다는 뜻입니다. 표준이 되는 건 언제나 남성(형)입니다. 여성(형)에게 주어진 운명은 배척되고 은폐되는 것뿐이죠.

유소년은 유년과 소년이 합쳐진 말입니다. 유소년은 있지만 유소녀는 없습니다. 마찬가지로 청소년은 있지만 청소녀는 없죠. 겉으로 드러난 것과 달리 유소년이나 청소년은 소년·소녀를 모두 포함합니다. 그 말들에 소년만 있고 소녀가 없는 이유는 소년의 말뜻이 소녀를 포함하기 때문이죠. 사전은 소년을 세 가지로 풀이하고 있습니다. '1. 아직 완전히 성숙하지 아니한 어린 사내아이 2. 젊은 나이 또는 그런 나이의 사람 3. 〈법률〉 소년법에서 20세 미만인 사람을 이르는 말'.

첫 번째 뜻은 소년만 가리킵니다. 그러나 두 번째와 세 번째 뜻은 사내아이와 계집아이를 모두 가리키죠. 그래서 남녀 아이를 모두 가리키는데도, '청소년녀'나 '유소년녀'처럼 나타내지 않아도 소년으로 묶어 표현할 수 있습니다. 그래서 소녀와 소년의 뜻이 모두 담긴 말들은 '소년'으로 일반화해 표현합니다. 소년원, 소년기, 소년공(少年工), 소년배, 소년법, 소년 범죄가 그렇습니다.

소년과 소녀의 관계는 man과 woman의 관계와 같습니다. 영어에서도 man은 남성을 뜻하는 동시에 woman을 포함한 인간 전체를 뜻합니다. man으로 woman을 가리킬 수 있지만 woman으로는 man을 가리키지 못합니다. 여성은 man에 붙은 'wo-'처럼 잉여적 존재입니다. 'wo-'는 여성의 자궁을 가리킵니다. 그러니까 여성은 인간 중에서 자궁이 달린 존재를 뜻합니다. 남성은 그냥 인간이지만 여성은 자궁 달린 인간인 거죠. 소년의 말뜻은 소녀를 포함하지만, 소녀의 말뜻은 소년을 포함하지 못합니다. 이와 비슷하게 자식(子息)은 여식(女息)을 포함하지만, 여식은 자식을 포함하지 못하죠. 한국어에서 '자(子)'는 남자이면서 사람이지만, '여(女)'는 언제나 여자이기 때문입니다.

청년은 소년보다 더 노골적으로 남성 쪽에 기울어 있습니다. 유소년과 청소년은 '소년'의 뜻에서 그나마 소녀의 흔적을 찾아볼 수 있지만 청년에서는 아예 여성의 흔적을 확인하기 어렵습니다. 한국인의 언어 직관에 따르면 청년은 대체로 남성을 가리킵니다. 『표준국어대사전』은 청년을 '신체적·정신적으로 한창 성장하거나 무르익은 시기에 있는 사람. 나이가 20~30대 정도인 남자를 이르나 때로 그 시기에 있는 여자를 포함해서 이르기도 한다.'라고 풀이합니다. 『연세한국어사전』역시 '젊은 사람(흔히 젊은 남자를 가리킴)'이라고 풀이하죠. 두 사전의 풀이를 종합하면, 청년은 '흔히' 젊은 남자를 뜻하지만 '때로' 젊은 여자의 의미를 포함하기도 합니다.

그렇다면 젊은 여자만을 가리키는 말은 무엇일까요? 처녀? 안타깝게도 처녀는 젊은 여자가 아니라 결혼하지 않은 여자를 뜻합니다. 결혼하지 않은 남자는 청년이 아니라 총각이므로 처녀의 반대말도 청년이 아니라 총각이 되겠죠. 한국어에서 청년과 적확하게 대칭을 이루는 여성 지칭 명사는 없습니다. 굳이 찾자면 '아가씨'가 제일 가깝겠지만, 이마저도 '젊다'는 뜻에 '미혼'의 뜻이 포개져 있어서 청년과 적확하게 대칭을 이루지 못합니다. 그러니 젊은 여자는 그저 '젊은 여자'일 수밖에 없습니다.

학부형(學父兄)은 청년보다 더 노골적입니다. 청년이 때로 여성을 포함하는 것과 달리 학부형은 아예 여성을 배제합니다. 학부모와 학부형은 보통 같은 의미로 쓰입니다. 그러나 엄밀히 따지면 그 둘의 의미는 전혀 다릅니다. 학부모와 학부형은 둘 다 학생의 보호자를 뜻하지만, 학부모는 아버지와 어머니를 가리키고 학부형은 아버지와 형을 가리킵니다. 학부형은 학부모와 달리 어머니 대신 형(兄)을 보호자로 내세우고 있습니다. 아마도 가부장적 문화가 반영된 결과일 텐데요, 학부형은 대놓고 어머니를 형보다 못한 존재로 전락시키죠. 청소년의

경우, 병행해서 쓸 청소녀나 청소년녀가 존재하지 않으므로 '청소년'
을 쓰는 것은 어쩔 수 없는 측면이 있습니다. 그러나 대체해서 사용
할 '학부모'가 존재하는데도 '학부형'을 고집하는 것은 적절하지 않습
니다.

학부형이 나온 김에 살펴볼 말이 있습니다. 형(兄)이 들어간 말 가운
데 언니의 남편을 가리키는 형부(兄夫)와 아내의 언니를 가리키는 처형
(妻兄)이 그것입니다. 형부와 처형은 둘 다 '언니'와 관련되는데, 이상하
게도 모두 '형'으로 표현되어 있습니다. 손윗누이를 뜻하는 한자어 '자
(姉)'가 있는데도 말이죠. 남성을 가리키건 여성을 가리키건 '자매'는
배제되고 '형제'가 선택됩니다. 가령 아내의 언니인 처형(妻兄)과 아내의
여동생인 처제(妻弟)에서 가져온 '형(兄)'과 '제(弟)'를 합치면 '형제'가 됩
니다. 결국 형부, 처형, 처제에는 모두 남성의 흔적이 새겨져 있다고 볼
수 있습니다.

우리말에서 여성을 지칭하는 말들은 남성형에 비해 훨씬 세분화되
어 있습니다. 어떤 말이 대표성을 지닐 때 남성형은 여성형을 아우르
지만, 대표성을 지니지 않을 때는 무수한 여성형이 존재하죠. 가령 여
인, 여사, 처자, 노파, 아녀자, 아낙네, 부녀자, 미혼모, 미망인, 사모님,
영부인 말입니다. 여성과 여자에는 남성과 남자가 대응하지만 여인,
여사, 처자 등에는 대응하는 남성 범주가 없습니다. 여성만 나이 정

도, 결혼 여부, 배우자 유무에 따라 다양하게 구분되고 명명되는 것이죠. 아줌마를 가리키는 말도 주부, 아낙(네), 부녀(자), 아주머니, 가정주부 등으로 다양하고, 남편에 대응하는 말도 처, 아내, 부인, 내자, 내실, 마누라, 여편네, 와이프 등으로 나뉩니다.

대상이 남성일 때는 아무런 표시를 붙이지 않고, 대상이 여성일 때만 별도의 표시를 붙이는 경우도 많습니다. 남성을 지칭할 때는 그저 경찰, 배우, 직원, 교사, 의사, 장관, 작가, 대학생으로 부르지만, 여성을 지칭할 때는 특별히(?) 여경, 여배우, 여직원, 여교사, 여의사, 여성 장관, 여류 작가, 여대생으로 부릅니다. 남학생들이 다니는 학교는 '중학교' '고등학교'지만, 여학생들이 다니는 학교는 '여자 중학교' '여자 고등학교'입니다. 남학교는 남자를 강조하지 않지만, 여학교는 하나같이 '○○ 여자 중학교' '○○ 여자 고등학교'라는 간판을 달고 있습니다. 우리나라에 학교명이 '○○ 남자 중학교' '○○ 남자 고등학교'인 곳은 한군데도 없습니다. 왜 여학교만 유별나게 여자를 강조하는 걸까요? 이런 표현들은 남성은 일반적인 존재지만 여성은 그렇지 않은 존재라는 인식을 전제하고 있습니다.

여성과 남성은 언제나 대칭적 범주가 아닙니다. 남성이 남성이라면, 여성은 여성이 아니죠. 여성은 여성이 아니라 '남성이 아닌 존재'에 불과합니다. '그녀' 뒤에 붙은 '-녀'처럼 여성은 삐죽 나온 혹처럼 잉여적 존재입니다.✲ he에 's'가 붙은 she, man에 'wo'가 붙은 woman, male에 'fe'가 붙은 female을 보세요. 여성은 남성에게 잉여적으로 붙어 있습니다. 그녀는 일반적인 것에서 도드라져 나온 특이한 존재일 뿐입니다. 있으나 마나 한 존재인 거죠.

사실 그런 예는 영어에 많습니다. actress(여배우), princess(공주), waitress(여 종업원), stewardess(여자 승무원), aviatrix(여자 비행사) 등 남성형 뒤에 별도의 표시를 덧붙이면 여성형이 됩니다. 남성은 그냥 host(주인), hero(영웅)이지만 여성은 hostess(여주인), heroine(여걸)이죠. 남성은 주(主)가 되고 여성은 거기에 딸린 종(從)이 되는 겁니다. 적어도 기존의 언어 체계 안에서 여성은 잉여적입니다(사실 언어 체계 밖도 다를 게 없지만요.) 재미있는 것은 사회적으로 나쁘게 평가받는 대상인 경우에는 여성이 주(主)가 되고 남성이 종(從)이 된다는 점입니다. 가령 widow(과부)에 '-er'이 붙으면 widower(홀아비)가 되죠.✲✲

애초에 인간은 말에서 태어난 게 아닐까요? "꿀벌은 자신의 집을 밀랍으로 짓지만, 인간은 자기 세계를 개념으로 짓는다." 니체가 한 말입니다. 말은 생각을 반영하면서 동시에 생각을 규정합니다. 영화 속

조폭들이 전라도 사투리를 쓰는 것은 전
라도에 대한 편견에서 비롯하지만 이는
동시에 전라도에 대한 편견을 공고히 합니
다. 마찬가지로 남성 중심적 사회는 남성
중심적 말을 만들고 남성 중심적 말은 다
시 남성 중심적 사회를 강화합니다. 인간
이 부리는 도구로 태어난 말이 어느 순간

❋❋ 물론 변화도 일부 감지됩니다. 요즘 나오는 영미권 사전에는 chairman(의장) 대신 chairperson이 올라 있습니다. 뿐만 아니라 policeman(경찰관)은 police officer로, businessman(기업인)은 business person으로, spokesman(대변인)은 spokesperson으로 부르기도 하죠. 시집 안 간 여성(Miss)과 시집간 여성(Mrs.)을 구분하던 것도 통틀어 'Ms.'로 말하기도 합니다.

인간을 부리는 주인으로 돌변하는 거죠. 우리가 쓰는 말에 따라 우리
의 사고와 행동이 규정될 수 있다는 뜻입니다. 말을 가려 쓰고 말의
불평등을 고쳐 나가야 할 이유입니다.

　　독립운동에 남녀노소를 구분하지 않았을 유관순 열사에게 '유관
순 누나'라는 호칭은 어울리지 않는 옷과 같습니다. 과거에 널리 쓰인
탓인지 유관순 누나는 지금도 그리 낯설게 들리지 않습니다. 그것은
어쩌면 하나의 증거인지 모릅니다. 한국 사회에서 남녀를 떠나서 누구
든지 남성의 시선으로 보고 남성의 목소리로 말한다는 증거 말입니
다. 한국 사회는 유관순 '누나'와 유관순 '열사' 사이의 거리만큼 깊은
골을 안고 있습니다. 그 깊은 골만큼 한국 사회는 남성 쪽으로 기울어
져 있습니다. 한쪽으로 기운 사회의 운명은 결국 그쪽으로 쓰러지는
것뿐입니다. 잃어버린 눈과 입을 되찾아 균형을 회복해야 합니다. 그래
야 쓰러지지 않을 수 있습니다.

'남녀 vs 연놈'의 심리학
– 은밀한 차별의 순서

남한과 북한이 함께하는 행사에는 두 명의 사회자가 무대에 섭니다. 한 사람은 남한 사회자이고 다른 한 사람은 북한 사회자입니다. 두 사람이 말하는 방식은 너무도 다릅니다. 가령 남한 사회자가 "남북이 하나 된 뜻 깊은 자리"라고 소개하면 북한 사회자는 "북남이 하나 된 뜻 깊은 자리"라고 소개하는 식입니다. 이런 차이는 자기와 관련된 것을 앞세우고자 하는 심리에서 생겨납니다. 자기와 관련된 것을 그렇지 않은 것보다 더 중요하게 생각해 앞에 두는 것입니다.

두 말이 결합하여 쓰일 때도 마찬가지입니다. 긍정적이고 중요하게 여기는 것들은 앞에 오고 그렇지 않은 것들은 뒤에 옵니다. 그런 예는 새털처럼 많습니다. 선악(善惡), 미추(美醜), 진위(眞僞), 시비(是非), 찬반(贊反), 가부(可否), 적부(適否), 공과(功過), 강약(强弱), 우열(優劣), 주종(主從), 승패(勝敗), 상벌(賞罰), 흥망(興亡), 성쇠(盛衰), 길흉(吉凶), 경조(慶弔), 희비(喜悲), 애증(愛憎), 호오(好惡), 귀천(貴賤), 금은(金銀), 대소(大小), 고하(高下), 고저(高低), 광협(廣狹), 장단(長短), 본말(本末), 선후(先後), 두미(頭尾), 내외(內外), 상하(上下), 성속(聖俗), 신구(新舊), 앞뒤, 잘잘못, 행불행, 호불호, 높낮이 등등.

물론 예외도 있습니다. 빈부(貧富), 손익(損益), 사활(死活), 화복(禍福), 좌우(左右) 등에서는 부정적으로 여기는 것이 앞에 옵니다.* 그러나 이런 경우는 한국어에서 일반적이지 않고 예외적입니다. 한국인의 언어 직관에 따르면 긍정적인 것이 부정적인 것보다 대체로 앞섭니다.

같은 원리가 여성을 가리키는 말과 남성을 가리키는 말이 결합된 경우에도 적용됩니다. 대개 남성은 앞에 오고 여성은 뒤에 오죠. 이런 예는 한국어에 수두룩합니다. 남녀(男女), 자녀(子女, 아들과 딸), 남매(男妹), 부부(夫婦, 남편과 부인), 부모(父母), 학부모(學父母), 오누이(오라비와 누이), 아들딸, 형제자매, 소년 소녀, 신랑 신부, 장인 장모, 신사 숙녀 등이 대표적입니다. 자식이 얼마나 되는지 말할 때도 '○남 ○녀'라고 합니다. 그 외에도 조부모(祖父母), 양부모(養父母), 수양부모(收養父母), 남녀노소, 남녀평등, 남녀공학, 남녀유별, 남존여비(男尊女卑), 남부여대(男負女戴), 무남독녀(無男獨女), 선남선녀(善男善女), 남남북녀(南男北女), 갑남을녀(甲男乙女), 동남동녀(童男童女)가 있습니다. 결국 한국어에서 앞에 오는 남성은 긍정적으로, 뒤에 오는 여성은 부정적으로 평가받는다고 짐작할 수 있습니다.

여남, 여자(女子, 딸과 아들), 부부(婦夫, 부인과 남편), 모부, 매남, 학모부, 누오라비(누이와 오라비)는 어색할뿐더러 한국어에 존재하지 않습니다. 흔글 프로그램에서 그런 말을 쳐 보면 그 아래 빨간 줄이 그어집니다.✽ 잘못된 표현이라는 거죠. 그나마 딸 아들, 자매 형제, 소녀 소년, 신부 신랑, 장모 장인, 숙녀 신사, ○녀 ○남 등은 의도적으로 사용할 수 있지만 어색한 느낌이 듭니다. 그런 말을 쓰는 사람이 없거나 드물기 때문이죠. 여남, 모부, 조모부, 학모부 등은 의도적으로 사용할 수도 없습니다. 그런 말을 쓰면 듣는 사람과 제대로 의사소통하기 어렵습니다.

　웃기는 것은 부정적인 상황에서는 으레 여자가 남자보다 앞에 온다는 점입니다. 여자와 남자를 함께 낮추어 부르는 '연놈'이 대표적이죠. 앞에서 여자와 남자가 결합된 말들에서 남자가 여자 앞에 온 것과 달리 연놈에서는 여자가 남자 앞에 옵니다. 특별히 부정적이지 않은 경우에는 '남녀'가 되고 낮추어 부르는 경우에는 '연놈'이 되는 겁니다. 연놈과 비슷한 사례로 비복(婢僕, 계집종과 사내종), 모부자[모자(母子)와 부자(父子)를 아울러 이르는 말], 편모 편부, 계집 사내, 에미 애비('에미 애비도 없는 놈'), 가시버시(부부를 낮잡아 이르는 말. 가시는 아내를 버시는 남편을 가리킨다) 등이 있습니다. 부모에서는 남성이 여성보다 앞에 오지만 모부자, 편모 편부, 에미 애비 등에서는 여성이 남성보다 앞에 옵니다. 인간이 아닌 동물을 대상으로 하는 표현에서도 암수나 자웅(雌雄)처럼 암컷이 수컷보다 앞에 옵니다. 우리말에 수암(수컷과 암컷)은 아예 없고, 웅자(雄雌)는 있지만 거의 쓰지 않습니다. 결국 비속어와 천한 신분, 동물의 경우처럼 낮추어 부르거나 부정적으로 평가할 때만 여성이 남성보다 앞에 옵니다.

처녀 총각이나 엄마 아빠처럼 부정적이지 않은 경우에도 여성이 남성보다 앞에 오기도 합니다.❋ 또한 천한 신분과 관련된 말인데도 남성이 여성보다 앞에 오는 경우가 있죠. 사내종과 계집종을 일컫는 노비(奴婢)에서는, 비복(婢僕)과 달리 남성이 여성보다 앞에 옵니다. 그러나 이 말들은 일반적이지 않고 어디까지나 예외적입니다.

대상이 긍정이거나 가치중립적인 의미를 지닐 때 남성은 대개 여성 앞에 옵니다. 그러나 대상이 부정적이거나 비하적인 의미를 띠면 상황은 역전됩니다. 뒤로 밀렸던 여성이 어느새 앞으로 나와 부정적인 시선을 한 몸에 받습니다. 성차별적인 어순은 은연중에 남성이 여성보다 앞선다는 편견을 갖게 합니다. 남성이 여성보다 더 중요하고 가치 있으며 긍정적이라는 생각 말입니다. 앞에서 지적한 것처럼 한국인의 언어 직관에 따르면 대개 앞에 오는 것이 더 중요하고 가치 있으며 긍정적이고, 뒤에 오는 것은 그렇지 않기 때문입니다. 성차별적 어순은 대놓고 남녀를 차별하지 않습니다. 은근히, 그러나 집요하게 차별합니다. 성차별적 어순은 남성 중심적 사회(와 사고)가 낳은 결과이지만 동시에 남성 중심적 사회(와 사고)를 낳는 원인이기도 합니다.

남녀가 합쳐진 말들 가운데는 좀 더 노골적으로 여성을 차별하는 말들이 있습니다. 가령 '연놈'에서 '년'과 '놈'은 욕의 수준이 다릅니다. '고놈' '친구 놈' '불효막심한 놈'에서 보이는 '놈'은 남자아이를 귀엽게 이르는 말, 사람을 친근하게 이르는 말, 남자를 낮잡아 이르는 말로 쓰이고 있습니다. 그러나 '년'이 들어간 말들은 '이년' '저년' '그년'처럼 훨씬 거칠고 상스럽습니다. '고년'에는 표독스러운 느낌이 배어 있지만, '고놈'에는 귀여운 느낌이 스며 있습니다. 이처럼 '년'에는 욕의 냄새가 가득하지만 '놈'에는 욕의 냄새가 거의 없거나 아주 약합니다. 한국어에서 '년'에 대응하는 말은 '놈'보다 '새끼'가 더 어울립니다.

사내와 계집, 남아와 여아도 연놈과 비슷한 맥락에 놓여 있습니다. 일반적으로 사내와 계집은 반대말로 쓰이는데, 한국어에서 둘은 같은 층에서 대칭을 이루고 있지 않습니다. 사내는 남성을 낮추어 부르는 말이 아니지만 계집은 여성을 낮추어 부르는 말이기 때문입니다. 사내놈과 계집년을 비교해 보면 그 차이를 알 수 있습니다. 사내놈은 욕의 느낌이 약하지만 계집년은 욕의 느낌이 강합니다. 결정적으로 '사내답다'와 '계집답다'가 그 둘의 차이를 분명하게 보여 줍니다. 한국어에 '사내답다'는 있지만 '계집답다'는 없습니다. 남자에게는 "사내답게 행동해라."라고 말하지만, 여자에게는 "계집답게 행동해라."라고 말하지 않죠. '계집답다'를 쓸 자리에는 어김없이 '여자답다'가 옵니다. 왜 그럴까요? '계집'이나 '계집답다'를 거의 욕처럼 쓰기 때문이죠.

남아(男兒)와 여아(女兒)의 뜻에도 각각 '남자답다'와 '여자답다'의 차별적 의미가 새겨져 있습니다. 국어사전은 남아를 '1. 사내 아이 2. 남자다운 남자'로 풀이하는 반면, 여아를 '1. 계집아 이 2. '딸'이라는 뜻으로, 직접 본인에게나 남에게 대하여 이르는 말'로 풀이합니다. 여기서 '사내아이(사내애)'와 '계집아이(계집애)'는 사내와 계집의 관계처럼 같은 층위에서 대칭을 이루지 않습니다. '사내아이'와 달리 '계집아이'는 부정적 어감을 지닙니다. 아니나 다를까 사전은 '사내아이'를 '남자아이를 친근하게 이르는 말'로, '계집아이'를 '시집가지 않은 어린 여자아이를 낮잡아 이르는 말'로 풀이합니다. 남아와 여아가 형태상 비슷한 상대어인데도, 남성형 명사는 긍정적인 뜻으로 쓰지만 여성형 명사는 부정적인 뜻으로 쓰는 거죠.

남녀 반대말 가운데는 정확하게 대칭을 이루지 않는 경우가 여럿 있습니다. 첫째, 아줌마와 아저씨. 아줌마는 더러 비하적인 의미로 사용하기도 하지만 아저씨는 별로 그렇지 않습니다. 결혼하지 않은 아가씨에게 아줌마라고 하면 하나같이 언짢게 반응합니다. 그럴 수밖에 없는 게 아줌마는 결혼한 여자를 이르는 말이기 때문이죠. 반면에 아저씨는 결혼한 남자만을 가리키지 않습니다. 아저씨는 결혼을 했건 안했건 상관없이 성인 남자를 이릅니다. 남자들은 20대에도 아저씨라는 말을 예사로 듣습니다. '군인 아저씨'처럼요. 결국 아저씨의 대칭 범주는 아줌마와 아가씨로 나뉜다고 볼 수 있습니다. 이처럼 아저씨와 아줌마는 그 말이 포함하는 연령대와 결혼 여부에서 차이가 납니다. 게다가 두 단어가 환기하는 이미지, 사용되는 용례에서도 차이를 보입니다. 가령 아줌마는 파마머리, 펑퍼짐함, 억척스러움('억척 아줌마') 등 부정적인 이미지를 환기시킵니다. 반면에 아저씨는 '군인 아저씨'나 '이웃집 아저씨'처럼 남자 어른을 예사롭게 이를 뿐이죠.

둘째, 시댁(媤宅)과 처가(妻家). 시집은 남편의 집안, 곧 시부모가 사는 집이고, 처가는 아내의 본가입니다. 시집은 다른 말로 시가(媤家)라고도 합니다. 시집을 높이면 시댁이 되고 처가를 높이면 처가댁이 됩니다. 그러나 현실에서는 "시댁이나 처가와의 갈등"(「시사저널」 2010년 10월 6일자)처럼 시댁과 처가를 대비해서 씁니다. 남자 쪽은 '댁(宅)'으로 높이고 여자 쪽은 '가(家)'로 낮추는 식이죠. '출가외인(出嫁外人)'이나 '처가와 뒷간(화장실)은 멀수록 좋다' 등과 같은 말에 반영되어 있는 시가 중심 문화의 결과입니다. 이 같은 시댁과 처가의 대비는 공정하지 않습니다. 시댁을 쓰려면 처가도 처댁으로 쓰고, 처갓집을 쓰려면 시댁도 시집이나 시가로 써야 공평하겠죠.

셋째, 남편(男便)과 여편네(女便-).* 형태상으로 보면 두 단어에 모두 '편(便)'이 들어 있어, 남편과 여편네는 반대말일 것 같습니다. 하지만 의미상 남편의 반대말은 여편네가 아니라 아내입니다. 남편이

* 한국어에는 남편(男便)에 상대되는 '여편(女便)'은 없고 여편네만 있습니다. 남편과 달리 여편네에는 '같은 처지의 사람'을 가리키는 '-네'가 붙어 있습니다. 그래서 남편은 자기 남편만 가리키지만 여편네는 자기 아내뿐만 아니라 결혼한 다른 여자들('동네 여편네들')을 가리키기도 합니다.

결혼한 남자를 그냥 가리킨다면 여편네는 결혼한 여자를 낮잡아서 이르기 때문이죠. 여편네는 보통 "이놈의 여편네"처럼 부정적으로 사용됩니다.

불평등한 말은 불평등한 현실을 반영합니다. 여성을 폄하하는 말은 여성을 폄하하는 현실의 반영입니다. 게다가 그런 말은 현실의 불평등을 더욱 강화합니다. 말은 현실을 반영하는 거울이면서 현실을 바라보는 창입니다. 그런 말이 있어서 여성을 폄하하고 비하하는 사고도 바뀌지 않습니다. 말을 바꾼다고 세상이 한 번에 달라지지는 않을 겁니다. 남성 중심적인 사회 구조가 바뀌지 않는다면 그 어떤 시도도 무의미합니다. 그렇다고 가만히만 있는다면 아무것도 달라지지 않습니다. 작은 변화의 시작을 언어에서 찾을 수 있지 않을까요? 단단한 세상의 벽을 단번에 무너뜨릴 수는 없겠지만 말을 바꾸면 그 벽에 작은 균열은 낼 수 있습니다. 그래 봤자 세상은 바뀌지 않는다는 말은, 고작해야 자기 삶을 바꾸지 않는 자의 변명일 뿐입니다. 기억하세요. 닫힌 문은 가만히 두면 벽이지만 힘껏 밀면 문이 된다는 사실을.

밥이나 하라고?
- 성별 분업, 그 깊은 오해

앞차가 깜빡이도 켜지 않은 채 갑자기 끼어듭니다. 그때 뒤창으로 살짝 보이는 파마머리. 이런 경우에 뒤에서 차를 모는 운전자의 입에서는 대부분 이런 말이 튀어나옵니다. "정말 못 말리는 아줌마구면." 앞차의 운전이 미숙하다고 느낄 때 대부분의 남성 운전자는 앞차 운전자의 성을 여성으로 단정 짓습니다. 그런데 그 사람은 정말 아줌마일까요?

여성 운전자라고 모두 운전이 미숙하란 법은 없습니다. 몇몇 여성이 미숙해도 그렇습니다. 운전에 미숙한 여성이 있는 만큼 운전에 미숙한 남성도 있습니다. 미숙(未熟)과 능숙(能熟)의 차이는 본성의 결과가 아니라 연습의 결과입니다. 말 그대로 숙달(熟達)의 차이일 뿐입니다. 그렇다면 운전에 미숙한 여성이 그런 남성보다 더 많아 보이는 이유는 무얼까요? 여성의 운전 시간이 남성의 그것에 비해 적은 탓입니다. 가령 승용차가 두 대인 중산층 가정을 떠올려 봅시다. 남편은 매일 출퇴근하면서 차를 운전하지만, 전업주부인 부인은 장 보러 갈 때를 제외하고는 거의 운전하지 않습니다. 남편과 비교해 부인의 운전이 미숙할 수밖에 없는 이유죠. 반면에 매일 장시간 운전하는 여성이라면 운전에 능숙합니다. 택시나 버스를 모는 여성 기사를 떠올려 보세요. 따라서 여성이 원래부터, 그리고 하나같이 운전을 못한다는 생각은 사람들의 착각입니다.

이와 같은 관점에서 그동안 여성과 남성의 차이로 이해했던 부분들을 하나하나 짚어 볼 수 있습니다. 운전처럼 남녀의 차이, 즉 기질이나 능력의 차이로 여겨져 온 것들을 꼼꼼히 따져 보면, 실제로는 거의 차이가 없는 경우가 많습니다. 일테면 이런 것들이죠. 남성은 이성적·합리적이고 여성은 감성적·감정적이다. 남자는 수리 능력이 뛰어나고 여자는 언어 능력이 뛰어나다. 남자는 공격 지향적이고, 여자는 관계 지향적이다. 남자는 지도를 잘 보고, 여자는 사람을 잘 본다. 이런 식의 논리가 위험한 이유는 차이를 끌어다 차별을 정당화는 근거로 삼기 때문이죠. 가령 1917년 멕시코가 에스파냐에서 독립해서 새 헌법을 만들 때 여성들에게 투표권을 부여하지 않았습니다.

그 이유는 헌법을 제정하는 과정에서 정교 분리의 원칙이 강조되었는데, 여성들의 종교성이 문제가 되었기 때문입니다. 헌법을 제정한 남성들은 여성들이 감정적이라서 더 종교적이라고 여겼습니다.

정말 여성이 남성보다 더 감정적일까요? 설사 그것이 사실이라 해도, 그건 어디까지나 여성의 감정 표현을 자연스럽게 받아들이는 반면에 남성의 감정 표현을 엄격하게 금기하는 사회 분위기 탓입니다. 내면의 감정이 다른 게 아니라 감정 표현에 대한 기대치가 다른 것이죠. 눈물이 가장 대표적입니다. 여자의 눈물이 흔한 반면에 남자의 눈물이 드문 것은, 눈물샘의 차이도 아니고 뇌나 유전자, 호르몬의 차이는 더더욱 아닙니다. 그건 어디까지나 남녀의 눈물에 대한 사회의 기대치가 다르기 때문입니다. 어릴 때부터 여자아이가 울면 따뜻하게 안아주지만, 남자아이가 울면 그치라고 다그칩니다(*"사내자식이 계집애처럼 울기는!"*). 설사 남녀의 차이가 있더라도 그것은 본질적 차이가 아니라 현상적 차이에 불과합니다.

남녀의 능력 차이는 생각보다 크지 않습니다. 또한 과학의 이름으로 남녀의 기질이나 능력의 차이를 밝히려는 시도들이 신뢰할 만한 것도 아닙니다. 그런 시도들은 뇌의 차이 혹은 유전자의 차이라는 식으로 생물학적 정답을 제시합니다. 심지어 결정적인 증거를 찾았다고 주장하기도 합니다. 그러나 누구나 수긍할 만한 결정적 증거는 아직까

지 나오지 않았습니다. 성차(性差)를 밝히려는 과학은 객관적 증거의 산물이라기보다 주관적 믿음의 알리바이에 가깝습니다. 그 믿음은 남녀가 다르다는 것, 또는 달라야 한다는 것만 집요하게 물고 늘어집니다. 그러나 남녀의 차이를 사회적·문화적 차이로 이해하는 관점은 성차가 본질적이지 않다고 말해 줍니다. 이러한 관점에서는 서로 다른 환경과 교육이 서로 다른 정체성을 만든다고 설명합니다.

그런데도 남성들은 "아줌마, 솥뚜껑 운전이나 하시지." 하고 비아냥거립니다. 아줌마 운전자에게 윽박지를 일도 아닌데 말입니다. 그 말은 집에 가서 밥이나 하라는 뜻입니다. 그렇게 소리 지르는 남자들에게는 이렇게 대꾸하면 어떨까요? "집에 가야 밥을 하지!"

"여편네가 왜 그리 싸다녀?"라고 말하는 남편들도 마찬가지입니다. '싸다니는 여자'와 차가 결합하면 "여자들이 죄다 차를 끌고 싸돌아다니니 길이 막히지."라는 불만이 되어 나옵니다. 이 말들은 공통적으로 여성의 삶을 가정에 비끄러매고 있습니다. 맞벌이가 늘어나고 여성의 사회 활동이 증가했지만, 남녀의 영역을 구분 짓고 여성을 가정에 묶으려는 사고는 여전합니다. 그 결과 '여성 // 가사 전담자' '남성 // 생계 부양자'라는 등식이 성립합니다. 자녀 양육의 책임은 여성에게, 가족 생계의 책임은 남성에게 부과되는 것이죠.

여자에게는 집 안쪽의 공간이, 남자에게는 집 바깥의 공간이 주어집니다. 집 안쪽은 집안일의 공간이고, 집 바깥은 사회 활동의 공간입니다. 결국 사적 공간은 여자의 영역으로, 공적 공간은 남자의 영역으로 갈라집니다. 이로써 남자는 집 안쪽의 부엌에 관심을 갖지 말아야 하고("사내가 부엌에 드나들면……"), 여자는 집 밖의 공적 공간에 관심을 두지 말아야 합니다("여자가 감히 어딜……" "여자가 뭘 안다고……"). 이로부터 이분법의 논리로 무장한, 다양한 성별 구분이 따라 나옵니다. 남자는 사회이고 여자는 가정이다. 남자는 주체이고 여자는 객체이다. 남자는 생산자이고 여자는 소비자이다. 남자는 직업인이고 여자는 비직업인이다. 이런 식으로 말입니다. 그러니 노래 가사처럼 '남자는 배'가 되고 '여자는 항구'가 됩니다.*

남자를 주체로, 여자를 객체로 여기는 표현은 많습니다. '혼인하다'의 뜻으로 '시집가다'와 '장가가다'를 쓰는데, 여성의 입장에서는 '시집가다'로 남성의 입장에서는 '장가가다'로 표현합니다[여기서 '시집'은 시댁을, '장가(丈家)'는 처가댁을 가리킵니다]. 다만 혼인을 허락받는 과정에서 여성은 남성의 부모에게 아들을 달라고 말하지 않지만 남성은 여성의 부모에게 딸을 달라고 말합니다. 남자를 주체로, 여자를 객체(남자에게 속한 존재)로 보기 때문에 '딸을 주다'나 '여자는 시집만 잘 가면 된다' '여자 팔자 뒤웅박 팔자'와 같은 표현들이 널리 쓰입니다. 결국 남성은 여성을 데려가는 존재로, 여성은 남성에게 끌려가는 존재로 여기는 겁니다. 결혼한 딸을 '출가외인(出嫁外人)'으로 부르는 까닭이죠. '출가(出嫁)하다'는 말도 여성의 입장에서만 씁니다. '따먹다'와 같은 말도 이러한 남녀 관계를 전제하고 있습니다. 남녀의 성관계를 가리키는 이 말에서 남성은 성행위의 주체('따먹는 사람')로, 여성은 성행위의 대상('따먹히는 사람')으로 고정됩니다.

한국어에서 남편은 '바깥양반'으로 불립니다('우리 집 양반'처럼, 자기 남편을 가리키기 위해 양반만 단독으로 쓰기도 합니다.) 남편이 할 일은 바깥일이라는 뜻이죠. 바깥양반 대신 바깥어른이나 바깥주인을 쓰기도 합니다. 구어적으로 '바깥양반'을 '바깥'이라고도 합니다. 반면에 아내는 '집사람'으로 불립니다. 여자의 공간을 '집'으로 한정하는 거죠. 즉 여자가 할 일은 다름 아닌 집안일이라는 뜻입니다. 주부 앞에 가정을 붙여 '가정주부'라고 부르는 이유입니다. 안사람이나 안식구도 마찬가지입니다. 여기서 '안'은 '집 안'을 가리킵니다. 드물지만 안사람이나 안식구라는 말 대신 그냥 '안'이라고도 합니다. "변변치 않지만 제 안이 차린 음식입니다."처럼 쓰기도 하죠. 이상한 것은 남편을 가리키는 말에는 하나같이 지위와 관련된 표현이 보이지만, 부인을 가리키는 말에는 그런 표현이 보이지 않는다는 점입니다. 남편을 가리키는 말에서 보이는 양반, 어른, 주인 등과, 여성을 가리키는 말에서 보이는 사람, 식구 등을 비교해 보세요. 여성의 경우에도 안방마님(안방에 거처하는, 양반집의

마님), 안주인(집안의 여자 어른), 안어른(안주인의 높임말)이라는 표현이 없는
건 아닙니다. 다만 그 말들은, 바깥양반·바깥주인·바깥어른이 자기
남편을 가리키는 것처럼, 자기 부인을 가리키지 않습니다. 그 말들은
제삼자가 다른 사람의 부인을 가리킬 때만 씁니다. 안주인을 다른 말
로 주인아줌마라고 하는 데서도 이 같은 사실을 확인할 수 있습니다.

　　성별 분업의 구도 속에서 가사 노동은 철저히 여성의 일로 간주됩
니다. 사실 가사 노동이라는 말 자체도 매우 허름하게 사용되죠. 가사
(家事)에는 허드렛일, 뒤치다꺼리의 울림이 배어 있습니다. 그러한 울림
과 무관하게 가사는 가족의 일상을 떠받치는 매우 중요한 부분입니
다. 가사를 하찮은 일로 여기는 태도나 가사를 오직 여성의 몫으로 여
기는 태도는 옳지 않습니다. 실제로 맞벌이 부부의 경우 부인의 가사
노동 시간은 하루 3시간 27분으로, 남편의 42분보다 5배쯤 더 많은
것으로 조사되었습니다.(손문금, 「맞벌이 부부의 일상생활 시간과 가족 공유 시
간」) 한국 남성들의 의식 수준은 대개 '좀 도와주면 잘한다'는 정도에
머물러 있습니다. 가정은 여자만의 것이고 남자는 손님이나 들러리인
가요? 가사를 돕겠다는 것은, 달리 해석하자면, 가사의 주체가 아니라
객체가 되겠다는 뜻입니다. 가사는 좀 도와주고 말고 할 일이 아닙니
다. 부인이 전업 주부가 아닌 이상 가사는 도움을 주고받는 일이 아니
라 함께 꾸려 가는 일이어야 합니다.

　　가사 노동이 마치 여성의 일로 여겨지는 것처럼 직업 선택 시 남녀가 하는 일 또한 철저히 분리되어 있습니다. 여성에게는 대개 보조적·부수적 업무가 주어집니다. 감정 노동 위주의 서비스는 대개 여성의 몫입니다. 의사는 남자, 간호사는 여자! 이 같은 구도가 마치 자연스러운 것처럼 여겨집니다. 남성이 의사면 그냥 의사지만 여성이 의사면 여의사가 되고, 여성이 간호사면 그냥 간호사지만 남성이 간호사면 남자 간호사가 됩니다. 과거에는 남성 지배적인 직업과 여성 지배적인 직업의 경계가 뚜렷했습니다. 그러나 오늘날 그 경계는 희미해지고 있습니다. 다만 희미해지는 속도가 다소 느립니다. 의식과 언어가 현실보다 더 느리게 변하기 때문이죠. 여의사·여성 장관·여류 작가에서 '여자'가 빠지고, 마찬가지로 남자 간호사·남자 미용사·남자 승무원에서 '남자'가 빠지길 기대해 보지만, 현실의 변화가 기대만큼 따라와 주질 않습니다.

　　여성 가족부가 청소년을 대상으로 실시한 「양성평등 의식 실태 조사」(2005)에 따르면 여전히 많은 청소년들이 가정의 생계를 남성이 책임져야 한다고 생각합니다. 청소년들에게 "결혼한 남성이 가정의 생계를 책임지는 것에 대해 어떻게 생각하십니까?"라고 물었더니, 남학생은 62.5퍼센트가 '당연하다'고 응답한 반면 여학생은 70퍼센트가 '당연하다'고 응답했습니다. 학부모들은 더 심했습니다. 남성이 생계를 책임지는 것에 대해 학부모들은 75퍼센트가 '당연하다'고 응답했습니다.

반면에 여성이 생계를 책임지는 것에 대해서는 대체로 불편한 반응을 보였습니다. 여성이 가정의 생계를 책임지는 것에 대한 의견으로는 '저 여자 남편은 뭘 하는 사람이지?'에 가장 많은 반응을 보였습니다. 여전히 많은 이들이 남녀의 성 역할을 날카롭게 구분하고 있는 겁니다.

지표상으로도 여성의 경제 활동 참여율은 저조합니다. 1980년 42.8퍼센트, 1990년 47퍼센트, 2000년 48.8퍼센트, 2005년 50.1퍼센트, 2009년 49.2퍼센트로 별로 나아지지 않았습니다. 2009년, 남성의 경제활동 참여율은 73.1퍼센트에 이릅니다. 여성의 경우 20년 전과 비교해도 큰 차이가 없습니다. 경제협력개발기구(OECD) 회원국들의 여성 경제활동 참여율은 평균 70~80퍼센트에 달하는데 말이죠. 20년 동안 여성의 삶은 제자리걸음입니다. 적어도 경제 활동 참여율에서는 특별히 나빠진 것도 없지만 각별히 좋아진 것도 없습니다. 대학 진학률과 비교하면 오히려 뒷걸음질 수준입니다. 여성의 대학 진학률이 82.4퍼센트인데도 고학력 여성의 취업률은 61.1퍼센트에 불과합니다.* 한국은 OECD 회원국 중 고학력 여성의 경제활동 참여율이 가장 낮습니다. 여성 인력의 질이 높아지고 취업하려는 욕구가 커졌지만, 실제로 취업하는 여성의 비율은 1980년대와 비교해 별로 차이가 없습니다. 양성평

* 1990년 고작 32.4퍼센트에 불과했던 여성의 대학 진학률은 가파르게 성장했습니다. 2009년 통계 기준으로 여성의 대학 진학률이 남성의 그것(81.6퍼센트)보다 높습니다.

 차이가 만들어 낸 또 다른 차별

등은 대학 입학 때까지만 허락되고, 그 이후로는 가파른 불평등의 비탈길이 기다리고 있는 것이죠.

여성이 사회에 첫발을 떼는 순간부터 차별은 시작됩니다. 구직 활동에서부터 차별이 벌어집니다. 2005년 한 조사에서 여성의 64.3퍼센트가 구직 활동 때 차별을 받은 적이 있다고 응답했습니다.(채용 정보 업체 잡링크 조사) 차별의 유형으로는 연령 차별이 37퍼센트, 직무 차별이 28.8퍼센트, 결혼 여부 질문이 19.1퍼센트, 외모 차별이 12.7퍼센트였습니다. 더 심각한 문제는 많은 기업이 일정 비율 이상으로는 여성을 뽑지 않는다는 내부 규정을 두고 있다는 점입니다. 이 같은 성차별은 은밀하고, 은밀한 만큼 단속이나 개선이 쉽지 않습니다. 사정이 이렇다 보니 세계경제포럼(WEF) 조사 대상 134개국 가운데 우리나라의 성 평등 지수(성 평등 지수는 정치, 교육, 고용, 보건 등 4개 분야에서 양성 불평등 상황을 계량화한 지표입니다)는 2010년 기준으로 104위에 불과했습니다. 사실 이마저도 그 전해의 115위에서 11단계 올라간 결과였습니다(2007년 128개국 중 97위, 2008년 130개국 중108위).

여성은 입사 이후에도 차별을 받습니다. 남성과 다른 직무가 주어질뿐더러 승진과 연봉 등에서도 남성에게 밀립니다. 위에서 언급한 2005년의 조사에서도 여성의 53.3퍼센트가 승진이나 연봉과 관련해 성차별을 받은 적이 있다고 응답했습니다. 2명 중 1명이 차별받았다고 생각하는 겁니다. 2005년 기준으로 초등학교 전체의 여교사 비율은 75.1퍼센트이지만, 교장 가운데 여성의 비율은 20퍼센트가 안 됩니다.(「2010년도 초등학교 성별 교원 현황」) 직장에서 여성이 차별받는 이유는 결국 결혼과 출산 때문입니다. 면접에서 젊은 여성들이 주로 받는 질문도 결혼과 출산에 관한 것입니다. 회사는 결혼하면 직장을 그만두는 '잠정적 인력' 정도로 여성을 바라봅니다("여자들은 직업의식이 없어"). 그래서 남성에게는 중추적 업무를 맡기고, 여성에게는 보조적 역할을 시킵니다. '영업직 남자 사원 ○명' '경리직 여자 사원 ○명' 같은 채용 광고도 횡행합니다. 복사나 차 대접 같은 잡일도 여성의 몫입니다. 여성 사원이 전화를 받으면 "거기 남자 분 없어요?"나 "거기 책임자 없어요?" 같은 황당한 반응도 보입니다. 언제나 책임자는 남자여야 한다는 투로 말이죠. 그래서 여성은 '직원'이 아니라 '여직원'인가 봅니다.

기업들은 정말 결혼한 여성을 꺼리는 걸까요? 그렇다면 취업 여성 가운데 기혼자의 비율이 증가하고 있는 사실은 어떻게 설명해야 할까요? 취업 여성 가운데 미혼자와 기혼자의 비율은 1981년 86.2 대 13.8퍼센트에서, 1991년 65.2 대 34.9퍼센트로, 그리고 2001년 50.5 대 49.9퍼센트로 기혼자의 비율이 꾸준히 증가해 왔습니다. 결국 여성들이 결혼과 출산 등으로 퇴직하거나 해고된 뒤에 다시 취업 전선에 나서고 있는 겁니다. 여성 취업률은 연령에 따라 M자 형의 쌍봉곡선을 그립니다. 그러니까 취업률은 결혼 적령기에 절정에 오르고 30

대 초반까지 하강합니다. 결혼이나 출산 때문에 일시 퇴직하는 탓입니다. 최근 조사 결과를 보면 여성들의 71퍼센트가 출산을 계기로 직장을 그만두는 것으로 나타났습니다. 출산하고 나서 일정 기간 양육에 집중하다 다시 취업에 나섭니다. 그러한 결과로 취업률은 30대 중반부터 다시 상승 곡선을 그리기 시작해서 50대가 되면 급격히 하강곡선을 그립니다.

여성이 결혼 후 재취업한 직장의 근로 조건은 이전 직장과 비교해 더 못한 경우가 대부분입니다. 기혼 여성이 구할 수 있는 일이란 저임금과 비정규의 한계를 벗어나기 어렵습니다. 2009년 여성의 비정규직 비율은 63.5퍼센트로 남성의 39.7퍼센트에 비해 훨씬 높았습니다. 즉 여성은 63퍼센트가 비정규직이고 남성은 60퍼센트가 정규직이었습니다. 여성의 비정규직 비율만큼 남성은 정규직이었던 셈이죠. 비정규직 비율이 중요한 것은 정규직이냐 비정규직이냐에 따라 임금의 격차가 발생하기 때문입니다. 정규직 임금을 100으로 볼 때, 비정규직 임금은 평균적으로 50을 넘지 못합니다(2010년 기준은 46.2!). 똑같은 일을 해도 비정규라는 이유만으로 정규직 임금의 절반도 받지 못하는 거죠. 결국 기혼 여성은 노동력의 가치가 낮게 평가된 상태에서 재취업에 나서고 있는 겁니다.

직장 여성이 겪는 고통은 또 있습니다. 미혼 남성의 경우 경제적 안정을 이루면 어느 정도 좋은 아빠로 인정받습니다. 즉 스스로 기본은 했다고 여기고 남들도 인정해 주죠. 그러나 여성에게 요구되는 역할은 훨씬 무겁고 까다롭습니다. 직장 생활을 하는 미혼 여성들은 둘 중 하나로 괴로워합니다. '나쁜 엄마'라는 피해의식과 '슈퍼 우먼(맘)'이라는 콤플렉스가 바로 그것이죠. 열심히 직장 생활을 하면 아이에게 그만큼 소홀했다는 피해의식을 갖거나, 혹은 직장 일과 집안일을 둘 다 잘해야 한다는 콤플렉스에 시달립니다. 여성은 가정과 직장일이라는 이중 부담 속에서 늘 버겁습니다. '여자는 약하지만 어머니는 강하다'라는 말처럼 모성이 미화될수록 엄마는 고통스럽습니다. 모성 신화 속에서 엄마의 역할이 상상을 초월할 수준까지 기대되기 때문입니다. 모성이 희생으로 미화될수록 역설적으로 부성은 희생과 멀어집니다. '나쁜 아빠'라는 피해의식과 '슈퍼 대디'라는 콤플렉스로 고통 받는 아빠는 없습니다.

슈퍼맘은 직장에서는 일 잘하고, 가정에 돌아가면 집안일과 아이 뒷바라지도 똑 소리 나게 잘하는 여자입니다. 물론 시부모도 잘 모셔야 합니다. 그러나 한 사람이 직장인, 주부, 엄마, 아내, 심지어 며느리 역할까지 모두 잘하기는 불가능합니다. 그런데도 우리 사회가 직장 일과 집안일을 모두 잘하기를 강요하기 때문에 슈퍼맘은 여성에 대한 억압입니다.

한편 알파걸(엘리트 여성)은 신화입니다. 세상은 알파걸 돌풍으로 떠들썩합니다. 고등 고시나 임용 시험에서 여성 합격자가 절반을 넘는다고 합니다. 그러나 여풍(女風)으로 명명되는 여성의 약진 현상은 어디까지나 신기루입니다. 고용 시장에서의 차별이 심하기 때문에 고등고시나 임용 시험으로 여성이 몰린 결과일 뿐이죠. 따라서 그것은 여권(女權)의 신장이 아니라 여권의 정체(停滯)를 방증합니다. 외무 고등 고시 여성 합격자가 60퍼센트라지만, 여성 노동자의 63퍼센트가 비정규직입니다. 외무고시에 합격한 여성은 21명에 불과하지만, 비정규직 여성 노동자는 450만 명에 이릅니다. 이것만 봐도 여풍이 착시라는 걸 분명히 알 수 있습니다. 몇몇 시험에서 여성이 두각을 나타내는 건 평등보다는 불평등의 증거에 더 가깝습니다.

차이는 도처에 있습니다. 다만 어떤 차이는 간과되고 어떤 차이만 부각됩니다. 어떤 차이를 차이로 인식할지가 문제인 겁니다. 어떤 남자와 어떤 여자의 차이보다 어떤 남자와 다른 어떤 남자의 차이가 더 클 수도 있습니다. 단지 남녀의 구분에 붙들린 이들이 남자들 사이의 차이보다 남자와 여자 사이의 차이에 주목할 뿐입니다. 그러므로 차이는 오직 차이화(差異化)의 결과에 지나지 않습니다. 분명히 남녀의 차이는 있습니다. 그러나 그건 중요하지 않습니다. 남녀의 차이가 본성의 결과인지, 환경의 결과인지도 그다지 중요하지 않습니다. 설사 그 차이가 본성의 결과라 해도 차별이 정당화되는 건 아닙니다. 본성은 윤리가 될 수 없기 때문입니다. 지금까지 남녀의 차이는 누가 정해 왔나요? 과학의 이름으로 차이의 원인을 규명하려는 시도는 누가 해 왔나요? 그건 바로 남자였습니다. 결국 그 차이란 남자가 자신의 관점에서 해석해 낸 차이에 불과합니다. 분명한 건 유전 정보 어디에도 가정일이 여자의 몫이라고 새겨져 있지 않다는 점입니다.

사람은 태어나면서 '여성 되기'와 '남성 되기'의 과정을 겪습니다. 아니 태어나기 전부터 겪는다고 해야 맞겠네요. 엄마 뱃속에서 성감별을 받는 걸 보면 말이죠. 그만큼 우리에게 부과되는 '여성 되기'와 '남성 되기'의 습속은 집요합니다. '여자(혹은 계집애)가⋯⋯'나 '남자(혹은 사내 녀석)가⋯⋯' 뒤에 올 말들은 보지 않아도 눈에 선합니다. 그 말들은 암암리에 여성다움과 남성다움을 세뇌하고 강요합니다. 여성다움과 남성다움은 타고난 부분이 분명 있을 겁니다. 그러나 이런 말들을 통해 사회적으로 학습되고 형성되는 부분도 크지 않을까요?

남자아이는 용감하고 씩씩해야 합니다("남자는 씩씩해야 해"). 마음이 용감할뿐더러 몸도 튼튼해야 합니다. 그렇지 않으면 "사내 녀석이 약해 빠져서."라는 말을 듣습니다. 성인 남자 역시 마찬가지죠. 남자는 뭐든지 만능으로 잘해야 하고("남자가 그것도 못해?"), 언제나 마음도 넉넉해야 합니다("남자는 대범해야

「블루 프로젝트」, 정훈이와 정훈이의 파란색 물건들. 라이트젯 프린트, 2008 ⓒ 윤정미.

「핑크 프로젝트」, 지우와 지우의 핑크색 물건들.
라이트젯 프린트, 2007 ⓒ윤정미.

지"). 그렇지 않으면 "남자가 쩨쩨하게."나 "남자가 속이 좁아서."라는 비난을 듣기 십상입니다. 여자에게는 '쩨쩨하다'고 말하지 않습니다. '소심한 남자'는 있어도 '소심한 여자'가 없는 이유입니다. 여자는 함부로 나서면 안 됩니다("여자답지 못하게 너무 나선다"). 그렇지 않으면 "여자애가 왜 그렇게 설쳐 대." 같은 비난을 받습니다. 여자는 말도 조심해야 하고("여자가 못하는 말이 없어"), 몸가짐과 행동도 발라야 합니다("앉은 자세가 그게 뭐냐"). 그렇지 않으면 "여자애가 칠칠치 못하게."라는 힐난을 듣습니다.

심지어 아이들이 입는 옷이나 장난감 색깔까지도 성별에 따라 철저하게 구분됩니다. 여자아이에게는 빨강이나 핑크색 계열이, 남자아이에게는 파랑이나 하늘색 계열이 주어집니다. 핑크색의 성은 여성이고 하늘색의 성은 남성일까요? 색깔에는 본래 성별 같은 게 없지만, 어른들은 자꾸 색깔에 성을 부여합니다. 결국 이 같은 환경에서 여자아이는 예쁘고 다소곳하게, 남자아이는 씩씩하고 다부지게 길러집니다. 여성과 남성은 정형화된 이미지로 살아가도록 똑같이 강요받습니다.

깨끗한 그러나 불순한
- 순결 의식의 속뜻

세상에는 두 종류의 아름다움이 있습니다. 그 자체로 아름다운 것과 아름답다고 강요되는 것이 그것이죠. 순결은 뒤쪽에 가깝습니다. 그것은 본질적으로 아름답다기보다 강요된 아름다움입니다. 과연 누구의 순결이 아름다운 것으로 강요될까요? 더불어 아름다움의 이름으로 순결을 강요하는 이는 누구일까요? 이 두 가지 물음은, 순결을 둘러싼 담론을 살필 때 놓쳐서는 안 될 물음입니다.

순결(純潔)에서 순(純)은 순수함을 뜻하고 결(潔)은 깨끗함을 뜻합니다. 그러니까 순결은 순수하고 깨끗한 겁니다. 사전은 순결을 '1. 잡된 것이 섞이지 아니하고 깨끗함 2. 마음에 사욕(私慾), 사념(邪念) 따위와 같은 더러움이 없이 깨끗함 3. 이성과의 육체관계가 없음'으로 풀이합니다. 첫 번째 뜻과 두 번째 뜻에는 공통적으로 '깨끗하다'는 의미가 담겨 있습니다. 세 번째 뜻에는 명시적으로 '깨끗하다'의 의미가 없지만, 첫 번째와 두 번째 뜻의 '깨끗하다'가 세 번째 뜻에 자연스레 옮겨 붙습니다. 이성과의 육체관계가 없으면 깨끗하다!

그렇다면 이성과 육체관계를 가지면 깨끗하지 않고 더러운 걸까요? 사전의 풀이를 그대로 따르면, 그렇게 볼 가능성이 큽니다. 육체적으로도 그렇고 정신적(윤리적)으로도 그렇습니다. 물론 결혼 전의 성관계가 그렇다는 겁니다. 혼전(婚前) 순결! 순결 앞에는 대개 '결혼 전'이 전제로 붙습니다.❋ 성관계 여부에 따라 깨끗한 존재와 그렇지 않은 존재를 나누는 것은 성적 자기 결정권을 인정하는 요즘 시대에는 어울리지 않습니다. 우리는 금욕주의를 실천하는 수도자가 아닙니다. 성관계를 가졌다는 것은 육체적인 흠결이나 결점이 될 수 없습니다. 사전의 풀이에는 크게 두 가지 문제점이 있습니다. '이성과의 육체관계가 없음'을 반으로 뚝 자르면 두 개의 문제가 분리됩니다.

첫째, 순결 여부를 오로지 육체적 성관계로만 판단하는 문제점. 육체적 성관계가 순결을 이루는 한 부분이 될 수 있지만, 육체적 성관계만으로 순결 여부를 판단하는 것은 매우 위험합니다. 이런 인식은 성폭력 피해자들에게 상처를 줄 수 있습니다. 육체적 성관계만으로 순결 여부를 판단하면, 성폭행을 당한 사람도 순결하지 않다는 어이없는 결론이 나옵니다('더러운 년'이라는 낙인). 성폭력은 말 그대로 폭력입니다. 성폭력 피해자들은 순결을 잃은 게 아니라 피해를 입은 것이죠. 순결을 단순히 육체적 성관계 여부로만 판단하기 때문에 성폭력 피해자들이 순결을 잃었다는 어처구니없는 주장이 나옵니다. 순결은 육체적 성관계 여부로만 단순하게 판단할 문제가 아닙니다.

둘째, 순결 여부를 오로지 이성애적으로만 판단하는 문제점. 사전에 따르면 순결 문제는 오직 이성 간의 성관계로만 한정됩니다('이성과의 육체관계가 없음'). 거기에는 동성과의 육체관계가 포함되어 있지 않습니다. 지극히 이성애 중심적이라는 점에서 사전의 뜻풀이는 범박하기 그지없습니다. 범박한 설명의 귀결은 논리적 모순일 수밖에 없습니다. 사전의 풀이에 따르면, 성관계를 가졌어도 그 성관계가 이성 간의 그것이 아니라면 순결한 것으로 볼 수 있습니다. 성관계를 갖지 않은 상태가 순결인데, 동성끼리는 아무리 성관계를 가져도 순결할 수 있으므로 정의상 모순이 되고 맙니다.

순결은 전적으로 개인이 판단하고 결정할 문제입니다. 순결을 지키는 게 중요하다고 생각하면 지키면 되고, 중요하지 않다고 생각하면 지키지 않아도 됩니다. 그 누구도 다른 사람에게 순결을 강요할 수는 없습니다. 물론 연인이나 결혼 상대의 순결을 내심 바랄 수는 있겠죠. 연인이나 결혼 상대의 순결을 중요하게 생각하는 것은 각자의 자유니까요. 문제는 상대에게 요구하는 순결의 의무를 정작 본인은 지키고 있느냐는 것입니다. 자기는 상관없고 상대만 그래야 한다는 태도는 옳지 않습니다.

상대방에게 순결을 요구하는 이는 누구이고, 상대방으로부터 순결을 요구받는 이는 누구일까요? 대체로 순결을 요구하는 이는 남성이고 요구받는 이는 여성입니다. 자신의 배우자가 될 여성이 성 경험이 없기를 바라는 남성이 60~70퍼센트에 달한다는 통계도 있습니다. 상대에게 순결을 요구하려면 자기도 순결을 지켜야 하지 않을까요? 순결이 중요하다고 생각하는 남성이라면 상대의 순결만이 아니라 자기의 순결도 중요하게 생각해야 할 것입니다. 그러나 현실은 그렇지 않습니다. 여전히 많은 남성은 여성이 성에 무지하고 수동적이기를 기대합니다. 더 나아가 자기는 총각이 아니어도 상대는 처녀여야 한다고 강변합니다. 여기서 성(性)과 여성을 대하는 한국 남성들의 지독한 이중성을 엿볼 수 있습니다.

남성들은 여러 사람과 성관계를 갖는 이에 대해서도 이중적인 잣대를 들이댑니다. 남자가 '밝히는' 것은 자연스럽고 심지어 영웅호색(英雄好色)이라는 미명 아래 권장되기조차 합니다. 영웅이라면 당연히 여색(여자와의 육체적 관계)을 좋아해도 된다?

그러나 여성에게는 다른 기준이 적용됩니다. 성관계에 자유로운 남성은 능력 좋다는 식으로 치켜세우지만 성관계에 자유로운 여성은 헤프다는 식으로 깎아내리죠. 여성을 보는 시선이 전보다 너그러워졌다고 해도 여성에게 '헤프다'는 이미지는 여전히 치명적입니다. '헤픈' 혹은 '밝히는' 여성으로 한번 낙인찍히면 '걸레'와 같은 부정적 딱지가 따라붙습니다. '걸레'에는 경멸의 냄새가 가득 배어 있습니다.

여성에게는 '헤픈 년' '내논 년' '막간 년', (성적 의미에서) '더러운 년' 같은 표현을 써도 남성에게는 '헤픈 놈' '내논 놈' '막간 놈' '더러운 놈' 같은 표현을 쓰지 않습니다. 여성 앞에 붙는 '더럽다'는 대개 성적인 연상을 불러일으킵니다. 그러나 남성이 더럽다고 비난받는 경우는 사정이 다릅니다. 남성이 더럽다는 것은 섹스와 무관합니다. 남성에게 더럽다고 하면 몸을 씻지 않아서거나 의리를 저버려서죠. '더러운 놈'은 그야말로 불결하거나 믿을 수 없는 사람에게 붙는 딱지입니다. 반대로 여자가 정조를 지키면 열녀(烈女)로 칭송받지만 남자가 정조를 지키면 딱히 칭송할

말이 없습니다. 왜 그럴까요? 스스로도 지키지 않지만 남들도 지키라고 강요하지 않기 때문입니다.[*]

여성에게 순결을 기대하는 상황에서 여성은 성에 대해 침묵할 수밖에 없습니다. 남성들이 여성의 가치를 성적 순결함에서 찾기 때문에 여성들은 성에 대해 침묵할 수밖에 없죠. 여성이 자신의 성적 욕구를 드러내면 자칫 '경험 많은' 혹은 '남자를 밝히는' 여자로 찍힐 수 있습니다. 그러니 여성은 자신의 성적 의사를 함부로 표현하지 못합니다. 남성은 여성의 성적 순결함과 무지함을 기대하고, 여성은 그 기대에 부응하기 위해 성적 순결함과 무지함을 연기합니다. 성욕이 아예 없거나 성에 관해 아무것도 모른다는 듯이 말이죠. 2007년 세계비뇨기학회 공식 보고서에 따르면 한국인의 성 만족도가 세계에서 제일 낮았습니다. 세계 평균이 60~70퍼센트인데 한국은 남자 9퍼센트, 여자 7퍼센트에 불과했죠. 여기에는 여러 이유가 있겠지만, 서로의 욕구를 이해하고 배려하는 문화가 척박한 탓도 큽니다.

여러 남자와 잠자리하는 여자를 지칭하는 순우리말로 개잡년, 허튼계집이 있습니다. 사전은 개잡년을 '행실이 몹시 잡스러운 여자를 욕하여 이르는 말'이라고 풀이합니다. 여기서의 행실은 당연히 성적인 행동입니다. 허튼계집은 '정조가 없이 몸가짐이 헤픈 여자'라고 풀이하죠. '개잡년'의 뜻에 나온 행실을 구체적으로 '몸가짐이 헤프다'라고

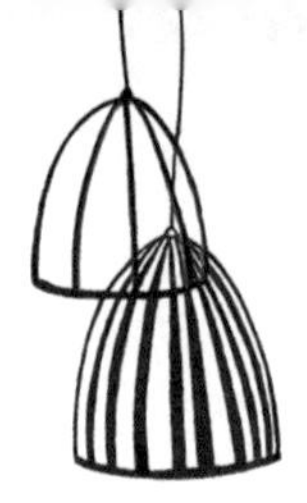

부연한 겁니다. 헌계집, 통지기, 계명워리 등도 모두 '행실이 헤픈 여자'를 가리킵니다. 몸을 파는 여자는 갈보(똥갈보)와 똥치, 논다니, 은근짜, 더벅머리, 노는계집이라고 합니다. 앞의 사례는 순우리말에 속하는데, 한자어에도 이런 사례는 굉장히 많습니다. 행실과 관련해서는 음녀(淫女), 음부(淫婦), 탕녀(蕩女), 탕부(蕩婦)가 있고, 매춘부(賣春婦)에는 창녀(娼女), 창부(娼婦), 창기(娼妓), 유녀(遊女), 흥녀(興女), 자녀(恣女), 여랑(女郞), 화랑(花郞), 분홍녀(粉紅女), 매소부(賣笑婦), 화랑유녀(花娘遊女: 술과 함께 몸을 파는 일을 직업으로 하는 기생)가 있습니다.

남편이 있는 여자가 다른 남자와 성관계하는 일을 화냥질이라고 합니다. 화냥질하는 여자를 화냥, 화냥년, 화냥데기라고 부르죠. 화냥년은 서방질하는 여자를 가리키는 대단히 부정적인 표현입니다. 화냥년의 유래에 관해서는 여러 설이 있습니다. 병자호란 때 청나라를 세운 만주족이 조선을 침략하여 여인네들을 겁탈하고 '음탕한 계집'을 뜻하는 만주어 '하얀(hayan)'이라 부른 데서 유래한다는 설과, 마찬가지로 병자호란 때 청나라에 끌려간 여인들이 고향으로 다시 돌아온 데 [환향(還鄕)]서 유래한다는 설이 대표적입니다. 두 설 모두 그럴듯하게 들리지만, 병자호란 이전 문헌에 '화냥'이 나온다는 점에서 설득력이 떨어집니다. 화냥은 아마도 중국어 '화랑(花郞)'에서 온 걸로 보입니다. 중국에서는 오래전부터 첩이나 기생을 화랑이라 불러 왔습니다.

남편이 아닌 남자와 성관계하는 여자가 화냥년이면, 아내가 아닌 여자와 성관계하는 남자는 뭐라고 부를까요? 없습니다! 이상하게도 화냥년과 정확하게 대비되는 남성 지칭 명사는 없습니다. 얼추 비슷한 건 오입쟁이입니다. 화냥질하는 여성이 화냥년이고 오입질하는 남성이 오입쟁이이기 때문이죠. 화냥질은 남편이 아닌 남자와 성관계하는 일이고, 오입질은 아내가 아닌 여자와 성관계하는 일입니다(화냥질과 오입질의 좀 더 일반적인 표현이 바로 서방질과 계집질입니다). 그런데 화냥년과 오입쟁이는 어감에서 분명한 차이를 지닙니다. 화냥년에는 '년'이 붙어 있고 오입쟁이에는 '-쟁이'가 붙어 있어서 그렇습니다. '년'은 욕이거나 욕에 가깝지만, '-쟁이'는 그저 어떤 속성을 많이 가진 사람을 뜻합니다. 그러므로 그 둘은 같은 층위에서 정확하게 대칭을 이루지 않습니다.

화냥년과 오입쟁이는 오늘날 잘 사용하지 않는 말들입니다. 오늘날 이 말들을 대체한 표현은 무엇일까요? 의미상 외연과 내포가 정확하게 일치하는 건 아니지만, 화냥년은 비속어인 걸레와 비교적 가깝습니다. 그런데 이 말에 상대되는 남성 명사도 없습니다. 그나마 비슷한 건 바람둥이 정도죠. 그러나 화냥년과 오입쟁이가 그런 것처럼 걸레와 바람둥이(플레이보이)의 어감도 완전히 다릅니다. 여성에게 걸레라는 딱지는 치명적이지만, 남성에게 바람둥이라는 딱지는 그렇지 않습니다. 걸레는 언제나 부정적이지만, 바람둥이는 꼭 부정적이지만은 않죠. 바람둥이에는 능력, 매력 같은 이미지가 따라붙습니다. 사람들의 머릿속에서 바람둥이는 쉽게 여성의 호감을 사는 남자로 그려지기 십상입니다. 걸레에 끌리는 남성은 드물어도 바람둥이에 끌리는 여성이 흔한 이유입니다.

여성에게 순결을 요구하는 사회는 여성의 처녀막에 과도하게 집착합니다. 사실 처녀막은 질 입구에 위치한 얇은 막에 지나지 않습니다. 처녀막은 성관계로 인해 파열되거나 심한 운동이나 외부 충격 등에 의해 파열되기도 합니다. 약 40퍼센트 정도는 성관계 이외의 요인으로 파열된다고 합니다. 이렇게 쉽게 파열될 수 있는 막으로 처녀성 여부를 따지는 것 자체가 아이러니죠. 그래서 한쪽에서는 오해의 소지가 있는 처녀막이라는 말 대신 '질 근육'이나 '질 주름'으로 부르자고 주장하기도 합니다. 처녀막에 대한 남성들의 과도한 집착을 보고 있노라면 그런 주장에 충분히 공감이 갑니다. 성관계 여부와 상관없이 처녀막이 파열되더라도 여성의 순결은 의심받습니다. 아주 얇은 막이 여성의 삶을 옥죄는 것이죠.

혼전 순결을 시대착오적 발상으로 여기면서도 결혼 전에 어쩔 수 없이 처녀막 재생 수술을 받는 여성들이 적지 않습니다. 수술을 통해 순결을 위장하는 것이죠. 시대착오적 발상에 집착하는 남성들이 여전히 존재하기 때문입니다. 실제로 어느 정도나 수술을 받는지에 관해서는 정확한 통계가 없지만, 인터넷 검색창에 '처녀막 재생 수술'을 쳐 보면 병원 광고가 수두룩하게 뜹니다. 처녀막 재생 수술은 의외로 간단합니다. 성관계 시 혈흔(血痕)을 만드는 게 전부죠. 처녀막 재생 수술을 하는 병원들이 내세우는 다음과 같은 눈꼴사나운 문구들은 처녀막 신화를 뒷받침하고 강화합니다. "자신감을 갖고 결혼 생활에 임하세요." "당당한 결혼 생활을 원하시는 여성분들에게 권해 드립니다." 그 문구들은 속삭입니다. "혈흔만 있으면 순결은 증명된다. 그러니 순결을 위장하고 당당하게 결혼하라!"

사실 처녀막이나 처녀성(處女性)이라는 말 자체가 대단히 차별적입니다. 사전은 처녀성을 '처녀로서 지니고 있는 특성. 특히 성적 순결을 이른다'라고 풀이하고 있습니다. 이상한 것은 처녀성은 있는데 총각성은 없다는 점입니다(사전에도 총각성은 처녀성과 마찬가지로 '총각으로서 지니고 있는 특성. 특히 성적 순결을 이른다.'로 아예 설명되어 있지 않습니다). 처녀성이 있다면 총각성도 있어야 하지 않을까요? 그러나 한국어에 그런 말은 아예 존재하지 않습니다. 여성에게는 처녀막이 존재하지만 남성에게는 총각막이 존재하지 않는다는 항변은 궁색합니다. 처녀성을 통해 여성에게 순결의 의무를 강제한다면 남성에게도 똑같이 순결의 의무를 강제해야 합니다. 따라서 총각막과 상관없이 총각성이 존재하는 게 마땅할 겁니다. 그러나 현실은 논리적 당위를 배반합니다. 그 누구도 남성에게 총각성이라는 이름으로 순결의 의무를 지우지 않습니다.

'처녀'가 들어간 말들도 문제가 있습니다. 처녀작(처음으로 지었거나 발표한 작품), 처녀림(원시림), 처녀지(사람이 살거나 개간한 일이 없는 자연 그대로의 땅), 처녀봉(아직 아무도 올라 보지 않은 산봉우리), 처녀비행(새로 만든 비행기나 새로 된 비행사가 처음으로 하는 비행), 처녀항해(새로 만든 배나 새로 된 항해사가 처음으로 하는 항해), 처녀 출전 등에는 처녀가 들어 있습니다. 이 단어들은 공통적으로 '처음 ~한' '아직 아무도 ~하지 않은'의 의미를 포함합니다. 말 그대로 숫처녀, 한 번도 성관계를 갖지 않은 여성을 염두에 두고 만든 말들입니다. 그러나 총각작, 총각림, 총각지, 총각봉, 총각비행, 총각항해라고는 안 합니다. 총각(總角)이 들어간 단어는 총각무와 총각김치가 유일합니다.* '처음'의 뜻으로 '총각-'을 쓰지 않는 것처럼, 마찬가지로 굳이 '처녀-'를 쓸 필요는 없습니다. 처녀작은 첫 작품, 처녀 출전은 첫 출전으로 부르면 됩니다.

성적 자유도 자유입니다. 성적 자유를 부도덕한 것으로 여기는 사람들이 있지만, 그것은 부도덕한 게 아닙니다. 영업의 자유는 부도덕한가요? 영업의 자유는 그 자체로 부도덕하지 않습니다. 다만 영업의 자유를 추구하는 과정에서 불법을 저지르거나 남에게 피해를 주는 게 부도덕할 뿐입니다. 성적 자유도 마찬가지입니다. 성적 자유 그 자체는 부도덕하지 않습니다. 다만 성적 자유를 추구하는 과정에서 타인의 성적 자유를 침해하거나 억압하면 부도덕해질 수 있죠. 그런 점에서 성적 자유를 추구하는 여성이 부도덕한 게 아니라 여성의 자유를 억압하는 사회가 부도덕한 것입니다.

아름다움을 모두에게 강요할 수는 없습니다. 이 세상의 모든 아름다운 것들은 제 안에서 아름다움을 길러 내 꽃피웁니다. 바깥에서 강요된 아름다움은 진정한 아름다움일 수 없습니다. 아름다움은 강요하는 그 순간 빛을 잃고 맙니다. 소의 뿔을 아름답지 못하다 여겨 함부로 뽑다가는 자칫 소를 죽일 수 있습니다. 순결도 마찬가지입니다. 강요해서 될 일도 아니지만, 설사 되더라도 억압으로 지켜 낸 순결은 전혀 아름답지 않습니다. 백합꽃처럼 아름답고자 한다면, 제 몸만 그리하면 됩니다. 순결을 지키고 싶다면 자기만 지키면 됩니다. 타인의 순결에 대해 이러쿵저러쿵해서는 안 됩니다.

'착한 몸매'라는 모순
– 신체로 윤리를 판단하다

우리 시대를 상징하는 아이콘을 두 가지만 들라면, 단연 돈과 몸이 되지 않을까요? 돈이야 더 이야기할 필요가 없겠고, 예쁜 것, 섹시한 것, 잘빠진 것, 잘생긴 것, 아름다운 것이 최고의 덕목인 시대입니다. 외모가 상품 가치가 되다 보니 인성이나 됨됨이보다 외모로써 사람을 평가하고 판단합니다. 한마디로 외모는 능력이고 자본입니다. 얼짱(우리 시대는 뭐든지 얼굴과 관련지어 생각하고 판단합니다. 거지가 잘생기면 얼짱 거지이고 심지어 강도가 예뻐도 얼짱 강도입니다), 몸짱, 동안, S라인, V라인, 꿀벅지, 개미허리, 섹시 가슴, 명품 다리, 착한 몸매, 미친 몸매, 육감 몸매 등의 말들이 세상을 떠돌고 성형 열풍이 세상을 휩쓸고 있습니다. 아름다움의 욕망에 붙들린 사람들은 말 그대로 '뼈를

깎는' 고통도 마다하지 않습니다. 한국 사회는 외모지상주의에 포위당했습니다.

두 사람이 같은 능력을 지니고 있으면, 둘 중에서 더 예쁘거나 잘생긴 사람이 더 많은 기회를 얻습니다. 능력이 다소 부족해도 예쁘거나 잘생기면 부족한 능력이 상쇄되죠. 실제 고용 시장의 현실이 그렇습니다. 가령 예전에 프리챌이 채용 사이트인 인크루트에 올린 채용 공고는 다분히 차별적이었습니다. 채용 분야는 전략 기획이었는데 자격 요건에 경력직 승무원, 미인 대회 출전자나 수상자 등이 포함되어 있었죠. 이는 명백한 현행법 위반입니다. '남녀 고용 평등과 일·가정 양립 지원법'에 따르면, 모집·채용 시에 직무 수행에 필요하지 않은 외모나 키, 결혼 여부 등의 조건을 제시할 경우 500만 원 이하의 벌금을 물게 되어 있습니다. 그러나 현실은 간단히 법을 뒤집고 있습니다. 외모가 스펙이 되는 현실이다 보니 취업 시장에서 여자의 얼굴은 인성이고 능력입니다. 사실 모델이나 배우 등 일부 직종을 제외하면 외모가 생산성에 큰 영향을 미치는 직업은 그리 많지 않습니다. 그런 점에서 사용자의 외모 차별은 근거 없는 편견에 기초하고 있습니다.

직접적으로 외모의 조건을 내걸지 않아도 문제가 되는 경우가 있습니다. 가령 "용모 단정한 여성을 찾습니다." 같은 문구가 그렇습니다. 여기서 단정한 용모란 과연 어떤 용모일까요? 그것은 말 그대로 생김새가 단정한 것을 의미하지 않습니다. 겉으로는 단정함을 내세우고 있지만, 실제로는 예쁘거나 보기 좋은 용모를 요구합니다. 면접장에서는 외모를 평가하는 말들이 오갑니다. 심지어 관상 면접이라는 것도 있습니다. 말 그대로 관상으로 사람을 평가하는 면접 방식입니다. 과학적으로 검증되지 않았기에 기업들이 드러내놓고 활용하지는 않습니다만 관상 면접은 오래되고 비밀스러운 취업의 문입니다. 취업을 위해 성형외과를 찾는 취업 준비생이 늘어나는 이유입니다. 미용 성형이 대부분이지만 관상 성형도 없지 않습니다. 면접관이 면접자의 인상과 관상에 직·간접적으로 영향을 받을 수밖에 없기 때문이죠. 이력서에 붙이는 사진이나 기록하는 키나 몸무게도 어떤 이들에게는 압박이고 스트레스입니다.

외모가 지나치게 강조되면서 못생긴 게 죄(罪)가 되는 현실은 안타깝습니다. 가령 예쁜 여학생이 공부를 잘하면 비난받지 않지만, 못생긴 여학생이 공부를 잘하면 비난받습니다. 못생긴 여학생 뒤에서 아이들은 수군거립니다. "독한 년!" 혹은 "못생긴 게 공부라도 잘 해야지."라고 험담합니다. 못생기면 무조건 잘못인가요? '공부 잘함'이 '못생긴 게'를 경유해 '독한 년'에 이르는 사고는 다분히 비정상적이고 비논리적입니다. 공부 잘하는 것을 얼굴의 형편으로 매도하는 태도는 다분히 엽기적입니다. 심지어 두 사람이 비슷한 잘못을 저질러도 생김새에 따라 다른 처벌이 주어집니다. 당연히 못생기면 못생긴 만큼 벌을 받아야 합니다. 그래서 사람들은 '예쁘면 다 용서된다'는 생각을 암암리에 하는지도 모릅니다. 잘잘못을 따져야 할 상황에서 생김새를 따지는 건 곤란합니다. 미적 판단('예쁘거나 못생겼음')이 윤리적 판단('죄의 있고 없음')을 밀어내는 사태는 끔찍합니다.

미적 판단이 윤리적 판단을 대체한 상징적 표현이 바로 '착한 몸매'입니다. '착한 몸매'는 잘빠진 몸매를 이르는 말입니다. '착한 몸매'에는 개념의 층이 다른 두 말이 포개져 있습니다. '착한'은 마음에 관한 표현이고 몸매는 몸에 관한 표현인데, '착한 몸매'에서 '착한'이 수식하는 말은 마음이 아니라 몸매입니다. 겉으로 드러난 몸의 모양새는 결코 착할 수 없지만, '착한 몸매'라는 표현에서는 잘빠진 몸매라는 미적 판단이 착함이라는 윤리적 판단을 대체하고 있습니다. 그런 점에서 '착한 몸매'는 다분히 시사적입니다. 모든 것이, 심지어 윤리까지도 외면적 가치에 철저히 종속된 오늘날의 현실을 상징적으로 보여 주기 때문입니다. 이제 진선미(眞善美) 중의 으뜸은 단연 미입니다. '미(美)'에 종속된 선(善)'은 외모지상주의에 물든 우리의 자화상입니다. 그런 현실에서 '얼짱' '몸짱' '숏다리'는 저주받은 신체의 낙인이 됩니다.

고대 그리스의 시인 사포가 "예쁘면 다 착하다."라고 했다지만, 예쁘다고 다 착하기만 할까요? '착한 몸매'의 문제는 미로 선을 판단할 수 없다는 사실에 있습니다. 미를 기준으로 선의 정도나 유무를 판단할 수 없고 판단해서도 안 됩니다. 외모가 아름답다고 마음이 선하다고 할 수 없고, 외모가 아름답지 않다고 마음이 선하지 않다고 할 수 없습니다. 그 반대도 마찬가지죠. 마음이 선하다고 외모가 아름다운 법도 없고 마음이 선하지 않다고 외모가 아름답지 않은 법도 없습니다. 그러나 '착한 몸매'는 외적 아름다움을 내적 선함과 동일시할 수 있다거나 외적 아름다움으로 내적 선함을 대체할 수 있다는 오해를 불러일으킵니다. 외모의 아름다움과 내면의 선함은 따로 떨어져 있습니다.

조금 다른 얘기지만, '착한 몸매'와 같은 표현이 최근에 생긴 신조어라면, 오랫동안 쓰인 우리말 중에서도 신체의 논리가 윤리의 자리를 밀어낸 사례가 있습니다. 바로 오른손입니다. 앞서 잠깐 살펴보았듯이 어원적으로 오른손은 옳은 손, 왼손은 그른 손을 뜻합니다. '오른'은 '옳다'에서, '왼'은 '그르다'의 옛말인 '외다'에서 왔기 때문입니다. 오른손, 오른쪽, 오른편, 오른손잡이를 바른손, 바른쪽, 바른편, 바른손잡이로 말하는 데서도 '오른'을 '바른'이나 '옳은'의 의미로 이해하고 있음을 확인할 수 있습니다. 우리말에서 오른손은 옳은 것이고 왼손은 그른 것입니다. 왼손잡이에 대한 배제와 억압은 말에서 끝나지 않습니다. 왼손을 쓰지 못하게 하는 직접적 압박부터 물리적 환경을 통한 은밀한 차별까지 일상적 억압은 줄기차게 이어집니다. 가령 컴퓨터 자판에서 기능키들은 거의 오른쪽에 몰려 있습니다. 마우스도 마찬가지입니다. 변기 레버는 오른쪽에 붙어 있고, 냉장고 문도 오른손으로 열기 편하게 되어 있죠. 세상은 온통 오른손잡이 위주입니다. 오른손잡이의 세상인 셈이죠. 그런 세상에서 왼손잡이는 이방인입니다.

외모 강조는 남성보다 여성에게 집중됩니다. 여성의 외모는 맥락에 상관없이 언급되고 강조됩니다. 가령 "미모의 중국 외교부 대변인"(「조선일보」 2006년 7월 22일자) 같은 식입니다. 중국 대변인의 외모는 그녀가 대변하는 중국 정부의 입장이나 대변인으로서 그녀의 능력과 무관합니다. 여성의 경우에는 연예인이건 정치인이건 스포츠 스타건 공통적으로 얼굴이 주목받습니다. 물론 미디어와 대중의 눈에는 예쁘고 아름다운 얼굴만 보이고 못생긴 얼굴은 보이지 않습니다. 미디어는 '얼짱 골퍼'나 '얼짱 선수' '얼짱 교수'처럼 얼굴이라는 범주로 얼굴과 상관없는 분야의 사람들을 하나로 묶습니다. 골프는 얼굴로 칠 수 없고 연구도 얼굴로 할 수 없는데 말입니다. 연예인이야 바깥으로 드러난 모습으로 자신을 드러내는 직업이니까 그렇다 쳐도, 다른 분야에서 외모를 중심에 놓는 것은 이해하기 어렵습니다.

여성의 외모는 철저하게 남성의 시각에서 재현됩니다. 소주 광고가 대표적입니다. 소주 광고에는 남성 모델은 보이지 않고 오직 여성 모델만 보입니다. 소주의 소비자가 주로 남성이기 때문입니다. 따라서 광고 속 여성의 몸은 철저히 남성의 관점에서 대상화됩니다. 섹시한 몸매에 유혹적인 자세 등으로 말입니다. 여성의 몸은 얼굴이나 가슴, 다리, 허벅지, 엉덩이 등 신체의 특정 부위를 선정적으로 부각하는 형태로 이미지화됩니다. 잡지 속 이미지들이 대개 그렇습니다. 일종의 페티시즘입니다. 페티시즘은 이성(異性)의 몸 일부, 옷가지, 소지품에서 성적 만족을 얻는 이상 성욕의 하나입니다. 그런 맥락에서 꿀벅지, 무다리, 껌(가슴), 개미허리, 섹시 가슴(명품 가슴), 사과 엉덩이, 드럼통 몸매처럼 특정한 신체 부위를 강조하거나 비하하는 표현들에 주목해 볼 수 있습니다. 특히 여성의 가슴을 비하하는 표현들이 많습니다. 그만큼 여성의 가슴에 남성의 관심이 크다는 증거입니다. 흔하게는 절벽부터 껌(껌딱지, 껌가슴), 찡깡, 달걀 프라이까지 다양합니다.

여성의 몸은, 남성의 관점에서 긍정적이든 부정적이든, 자주 남성이 먹는 대상으로 전락하곤 합니다('여자를 따먹다'). 남성의 눈에 보기 좋은 여성의 신체 부위는 대개 먹음직스러운 음식으로 재현됩니다. 꿀벅지의 꿀이나 사과 엉덩이의 사과처럼 말입니다. 2009년 한 사립대 총장이 특정 여성을 가리켜 "이렇게 생긴 …… 토종이 감칠맛이 있다."라고 말해 논란을 빚기도 했습니다. 꿀벅지나 사과 엉덩이 같은 요샛말 말고도 '탐스럽다'는 표현이나 '앵두 같은 입술' '복숭아 같은 볼' 등의 비유는 예전부터 사용돼 왔습니다. '탐스럽다'는 말은 '탐스러운 과일'처럼 주로 음식이 먹음직스러울 때 씁니다. 그런데 이 말은 여성의 신체를 가리킬 때도 종종 사용되죠. '탐스러운 입술'이나 '탐스러운 머릿결'은 대개 여성을 가리킵니다. 그의 탐스러운 머릿결보다 그녀의 탐스러운 머릿결이 더 자연스럽게 들리는 까닭입니다. 반면에 여성의 특정 신체 부위가 남성의 눈에 차지 않을 때 그것은 거친 식재료('무')나 심심풀이 간식('껌' '껑깡'), 하찮은 음식('계란 프라이') 등의 이미지로 재현됩니다. 하나같이 값싸고 보잘것없는 것들입니다.

여성의 몸을 바라보는 남성의 시선은 이중적입니다. 남성은 여성의 얼굴이 청순하면서 몸매는 풍만하길 바랍니다. 날씬하되 풍만하길 기대하죠. 베이글녀(얼굴은 베이비인데 몸매는 글래머라는 뜻)나 '쭉쭉 빵빵'처럼 현실에서 존재하기 힘든 허상이 자꾸 만들어지는 이유입니다. 일본 포르노 애니메이션에서나 등장할 것 같은 그런 이미지 말입니다. 그것은 실제의 몸이 아니라 상상 속의 몸입니다. 실제로 그런 사람들이 없다는 뜻은 아닙니다. 베이글녀나 '쭉쭉 빵빵'이라는 말로 일컬어지는 대상들은 분명 존재합니다. 다만 상식적으로 허리는 잘록하면서 가슴만 풍만하기는 어렵습니다. 그런 사람들은 매우 드뭅니다. 그런 몸이 드물지만 실재한다면 그것은 성형의 도움을 받거나 선천적으로 특이하게 태어난 경우입니다. 결국 남성들의 요구는 '불가능한 것을 가능케 하라'로 요약됩니다. 정상성을 통계적 평균으로 이해한다면, 그런 몸은 정상으로 보기 어려울 겁니다.

살이 쪘든 안 쪘든 여성들은 365일 다이어트를 생각합니다. 20대 여성의 고도 비만율은 1.9퍼센트이지만 20대 후반 여성의 저체중 비

율은 15.7퍼센트나 됩니다. 그런데도 거의 대부분의 젊은 여성들이 다이어트 강박에 시달리죠. 뚱뚱한 여성을 볼 때 드는 느낌을 생각하면 그 이유가 쉽게 납득됩니다. 우리의 눈에 비친 그들은 음식 앞에서 자기 통제력을 상실한 사람들입니다. 한마디로 식욕에 굴복당한 '살의 패배자들'! 다이어트에 실패하거나 다이어트를 하지 않는 뚱뚱한 사람들에게는 '살의 패배자' 대신 어느새 '삶의 패배자'라는 낙인이 찍힙니다. 여기에서 마른 몸매는 자연스레 승자나 자기 관리 이미지를 획득합니다. 뚱뚱한 그녀들은 뚱녀나 울트라 뚱녀로 불립니다. 뚱뚱한 젊은 여성은 아줌마 몸매라고 조롱받습니다. 여기서의 아줌마는 여성도 아니고 남성도 아닙니다. 달리 말해 아줌마는 중성적 혹은 무성적 존재, 즉 여성성을 잃어버린 여성입니다. 젊은 여성은 외모에 따라 여성이 되기도 하고 아줌마가 되기도 합니다. 반면에 뚱남이라는 표현은 없습니다. 뚱뚱한 여자는 자기 절제나 관리가 부족하다는 시선으로 보지만 뚱뚱한 남자는 그렇게 보지 않는 것이죠.

사실 살은 게으름이나 자기 관리와 별 상관이 없습니다. 같은 양을 먹어도 살이 잘 찌는 사람이 있는가 하면 살이 찌지 않는 사람도 있습니다. 마찬가지로 옆으로 찌는 사람이 있는가 하면 위로 크는 사람도 있습니다. 아무도 살이 찌지 않는 사람과 키가 큰 사람에게 자기 관리의 책임을 묻지 않습니다(물론 자란 키는 줄일 수 없고 찐 살은 뺄 수 있다는 점에서 키와 살은 차원이 다르다고 주장할 수 있겠죠). 살이 찐 사람만 자리 관리의 책임을 추궁당합니다. 그러나 살이 찐 것은 잘못이 아닙니다. 비만에 대한 비난이 허위라는 사실은 비난받는 신체 부위를 통해 확인할 수 있습니다. 풍만한 허리는 비만이지만 풍만한 가슴은 섹시함입니다. 남성이 원하는 여성의 풍만함은 특정 부위의 그것일 뿐입니다. 결국 비만과 섹시함을 나누는 기준은 어디까지나 타인, 곧 남성의 시선입니다. 여성이 남성의 시선을 내면화해 자기 몸을 타자화할 때, 모든 살이 아니라 어떤 살이 열등감을 불러일으킵니다. 대부분의 여성들은 몸과 살 때문에 열등감의 몸살을 앓습니다.

사람들은 타인의 살을 두고 마치 제 것인 양 이러쿵저러쿵 떠들어 댑니다. 남성들은 자기 부인이나 여자 친구에게 살을 빼라고 은근히 압박하기도 하고 대놓고 강요하기도 합니다. 이런 식으로 여성의 몸은 사회에 의해서 관리되고 억압됩니다('비만은 용서가 안 돼'). 살찐 여자는 자기 몸의 주인이 아닙니다. 진짜 주인은 자기가 아니라 타인이죠. 내 몸 밖에서 주인이 되지 못한 여성은 자기 몸 안에서 주인이 되려 합니다. 다만 주인이 되는 방식이 다소 과격하다 못해 자기 파괴적이기까지 합니다. 거식증이나 폭식증과 같은 섭식 장애를 말하는 겁니다. 식욕 충동을 억제하지 못하는 폭식증과 음식을 거부하는 거식증의 뿌리는 하나입니다. 바로 마른 몸에 대한 병적인 강박관념입니다. 섭식 장애는 남성보다 여성의 발병률이 10배 이상 높다고 합니다. 섭식장애를 앓는 열에 아홉이 여성인 것이죠. 20대 여성의 4~5퍼센트가 겪는

섭식 장애는 발병 후 10년 안에 사망할 확률이 10~25퍼센트나 될 정
도로 치명적입니다.

비극은 섭식 장애에서 끝나지 않습니다. 외모를 둘러싼 정신병적
증상에는 섭식 장애 말고도 신체 이형 장애, 곧 성형 중독이 있습니
다. 성형은 치명적 유혹입니다. 세계보건기구(WHO)에 의하면 한국 여
성의 성형 비율은 17퍼센트로 세계 1위입니다. 한 번 성형한 여성의
95퍼센트가 또 하기를 원하고, 한 번도 성형한 적 없는 여성의 67퍼
센트가 수술을 원한다고 합니다. 한 번 성형하면 중독처럼 다시 하게
되는 것이죠. 성형 중독은 어디까지나 '불필요한 필요'의 결과입니다.
성형 쇼핑이라고 해서 마치 쇼핑을 하듯이 성형을 반복합니다. 성형
부작용도 만만치 않습니다. 한국소비자원에 한 해 동안 접수되는 성
형 수술 부작용 상담 건수는 2,000여 건을 넘는다고 합니다. 부작용
을 알면서도 그녀들은 자기 얼굴에 칼을 댑니다. 예쁜 몸에 대한 선망
이 자기 몸에 대한 학대로 이어지는 것이죠. 들끓는 선망과 가혹한 학
대는 동전의 양면입니다. 아무리 얇게 잘라도 결코 나눌 수 없는 그런
양면입니다. 이쯤 되면 외모 가꾸기는 자기 관리의 수준을 넘어서게
됩니다. 여성의 몸이 사회의 시선과 만나 혹사당하는 최전선이 바로
성형과 다이어트입니다.

여성의 몸을 바라보는 남성의 시선이 이중적인 것처럼 여성의 얼굴

을 바라보는 남성의 시선도 이중적이기는 마찬가지입니다. 한쪽에서는 여자는 아름다워야 한다고 강요하면서, 다른 쪽에서는 아름다움은 자연스러워야 한다고 억압합니다. 외모의 아름다움은 타고난 것, 선천적인 것이어야 한다는 이데올로기입니다. "성형을 너무 많이 하면 좋아하지 않는다. 룸살롱에 가면 자연산을 많이 찾는다."(2010년 12월 22일 한나라당 안상수 원내대표의 발언) 한 당의 대표가 공개적으로 밝힌 미인론(?)입니다. 여기서 자연산은 성형수술을 하지 않은 여성을 가리킵니다. 여성은 못생겨도 비난받고 성형해도 비난받습니다. 이중적 시선 때문에 여성이 당하는 고통도 이중적입니다. 못생기면 열등감에 시달리고, 그래서 성형하면 또 다른 열패감에 시달립니다. 타고난 자연 미인이 아니라면, 여성은 누구나 이중의 고통에 괴로워합니다. 수만, 혹은 수십 만분의 일의 확률로 태어난 극소수를 제외하면 여성의 고통은 진퇴양난입니다. 거의 모든 여성이 열등감과 낭패감을 오갈 수밖에 없는 억압의 구조입니다.

물론 남성의 외모도 전에 비해 많이 주목받고 있습니다. 근육질 몸매를 선망하는 시선도 있고 잘생긴 얼굴을 욕망하는 시선도 있습니다. 짐승남이나 식스팩, 초콜릿 복근은 전자에 속하고 꽃미남이나 조각 미남은 후자에 속합니다. 여성들이 성형과 다이어트에 빠져 있듯이 남성들도 점점 성형과 몸만들기에 빠져들고 있습니다. 외모 때문에 스트레스를 받는 남성이 갈수록 늘고 있지만, 남성의 스트레스는 아직 여성의 그것보다 심하다고 보기 어렵습니다. 그 단적인 증거가 결혼 정보 회사의 남녀 회원 관리 방식이죠. 결혼 정보 회사에서 회원을 관리할 때 중요하게 고려하는 요소가 바로 남자의 직업입니다. 그렇다면 여자는 무엇일까요? 바로 외모입니다. 직업이 그다음이냐, 하면 그것도 아니죠. 그다음은 집안입니다. 그러니까 여자는 본인의 직업보다 그 아버지가 더 중요하다는 뜻입니다. 이처럼 아직까지 우리 사회에서 여성은 외모로 평가받지만 남성은 능력으로 평가받습니다.

남자들은 자기 여자의 미모가 자기의 능력과 지위를 증명한다고 생각합니다. 어렸을 때부터 "능력 있는 자가 미인을 얻는다."라거나 "용감한 자가 미인을 얻는다."라는 말을 들으며 자라온 탓입니다. (어느 남자 고등학교 3학년 교실에는 이런 급훈이 걸리기도 했습니다. "30분 더 공부하면 마누라 몸매가 달라진다.") 그 말들은 남자와 여자의 위치를 정형화한다는 점에서 대단히 촌스럽습니다. 남자를 선택하는 주체로, 여자를 선택받는 객체로 전제하고 있습니다. 그런데 정말 남자는 선택하는 주체이고 여자는 선택받는 대상일까요? 과거에는 그랬는지 모르지만, 요즘에는 그렇지 않은 것 같습니다. 요새는 능력 있는 여성이 능력 없는 미남을 선택하기도 합니다. 따라서 그 말은 "능력 있는 여자가 미남을 얻는다."로 고쳐 말해도 이상하지 않을 듯합니다.

한국 사회는 타인에 대한 배려가 부족하다고들 합니다. 배려 부족은 타인에 대한 관심과 이해 부족에서 나온다고도 합니다. 그러니 타인에게 더 관심을 갖자고 합니다. 다 좋은 말입니다. 그러나 초점이 어긋났습니다. 이해가 부족한 건 맞지만 타인에 대한 이해가 아닙니다. 한국인에게 간절한 것은 남에 대한 이해가 아니라 자신에 대한 이해입니다. 아니, 이해를 넘어선 사랑입니다. 사람들은 정작 사랑해야 할 것을 제대로 사랑하지 않고, 사랑할 필요가 없는 것만 열심히 사랑하고 있습니다. 있는 그대로의 자기 모습이 전자이고 욕망의 시선이 빚어낸 허상이 후자입니다. 자신을 진정으로 사랑하지 못하면 타인도 제대로 사랑할 수 없습니다. 나는 곧 내 몸입니다. 그러니 내 몸부터 사랑해야 합니다. 성형과 다이어트, 몸만들기의 시름에서 한순간도 자유롭지 못한 그 몸부터 말입니다. 있는 그대로의 자기 몸을 정녕 사랑할 순 없을까요?

정상 가족 이데올로기가 만들어 낸 풍경

'미(未)'의 폭력성
– 강요된 결혼, 결혼의 억압

미개(未開)나 미지(未知)에는 공통적으로 '미(未)' 자가 들어 있습니다. 여기서 '미'는 과정상의 부정을 뜻합니다. 즉 아니긴 한데, 아직 아니라는 뜻입니다. 미개는 '아직' 개화하지 못한 것이고 미지는 '아직' 알지 못하는 것입니다. 미혼(未婚)도 마찬가지입니다. 미혼을 풀면 '아직 결혼하지 않음'입니다. 그 반대말인 기혼(既婚)은 이미 결혼했다는 뜻입니다. 그런데 이상하지 않나요? 결혼함/결혼하지 않음이라고 말하지 않고, 왜 굳이 이미 결혼함/아직 결혼하지 않음이라고 말하는 걸까요? '미혼'은 결혼을 모든 사람이 당연히 하는 것으로 전제한 표현입니다. 언젠가는 꼭 해야 하는데, '아직' 하지 않은 걸로 본다는 점에서 그렇습니다. 미혼이라는 말 아래에는 모든 사람이 반드시 결혼을 한다는, 혹은 해야 한다는 생각이 깔려 있습니다. 그 말에 따르면, 결혼은 당연하고 결혼하지 않는 것은 당연하지 않습니다.

실제로 모든 사람이 다 결혼하는 건 아닙니다. 종교적 독신자뿐만 아니라 비종교적 독신자도 많습니다. 결혼은 모두가 하는 것도 아니고, 해야 하는 것도 아닙니다. 결혼은 어디까지나 의무가 아니라 선택입니다. 결혼은 사회나 부모의 강제가 아니라 전적으로 개인이 선택할 문제입니다. 하고 싶은 사람은 하는 것이고, 하기 싫은 사람은 하지 않는 것이죠. 누구도 결혼을 거부하는 사람을 욕하거나 비난할 수는 없습니다. 결혼은 타인이 강요할 수 있는 문제가 아니기 때문입니다. 많은 사람이 결혼한다고 해도 마찬가지입니다. 다수의 선택이라고 해서 모두가 따라야 하는 건 아닙니다. 결혼은 다수결이 아닙니다. 그렇지만 '미혼'이라는 말에 따르면, 결혼은 정상적이고 자연스러운 것으로, 미혼은 비정상적이고 부자연스러운 것으로 여겨집니다. 더 나아가 자연스러운 것을 하지 않거나 거부하는 사람은 어딘가 이상한, 혹은 잘못된 사람이 됩니다. 하지만 결혼하지 않았다고 잘못된 사람인 건 아니죠. 위대한 성취로 역사에 이름을 남긴 이들 가운데는 독신자가 적지 않습니다. 예수, 간디, 칸트, 플라톤, 브람스, 슈베르트, 데카르트, 잔 다르크, 나이팅게일, 칼릴 지브란, 레오나르도 다 빈치 등이 그들입니다.

결혼이 선택이라는 점에서, 결혼하지 않은 상태를 '아직 결혼하지 않음'으로 표현하는 것은 적절하지 않습니다. 결혼하지 않은 상태는 더하고 빼고 할 것 없이 있는 그대로 '결혼하지 않음'으로 표현해야 합니다. 굳이 한자말로 바꾸자면 미혼이 아니라 비혼(非婚)이 적당하겠죠. '미(未)'에는 '아직 ~ 아니다'의 의미가 있지만 '비(非)'에는 그런 의미가 전혀 없습니다. '비(非)'는 그저 '아니다'만을 뜻합니다. 미혼을 미성년과 비교해 보면, '미(未)'와 '비(非)'의 차이를 뚜렷이 알 수 있습니다. 미성년은 성년을 전제로 한 표현입니다. 성년이 되는 것은 선택이 아닙니다. 원하지 않는다고 성년이 되지 않는 건 아닙니다(자살을 해 스스로 생명을 끊지 않는 이상 그렇습니다). 나이가 차면 누구나 원하건 원하지 않건 성년이 됩니다. 따라서 미성년('아직 성년이 되지 못함')이라는 표현은 이상하지 않습니다. 앞에서 지적한 것처럼, 결혼은 미성년과 다르게 원하건 원하지 않건 반드시 해야 하는 일이 아닙니다. 결혼은 개인의 선택에 따라 할 수도 있고 안 할 수도 있는 것이죠.

미혼이 들어간 말로 미혼모(未婚母)가 있습니다. 미혼모는 글자 그대로 풀이하면, '아직 결혼하지 않은 엄마'입니다. 사전에서는 '결혼을 하지 않은 몸으로 아이를 낳은 여자'로 설명하고 있습니다. 사전의 설명에는 결혼한 뒤에 아이를 낳는다는 통념이 깔려 있습니다. 결혼하지 않고 아이를 낳은 미혼모는 비난받기 십상입니다. 결혼한 상태에서 아이를 낳으면 정상으로, 결혼하지 않은 상태에서 아이를 낳으면 비정상으로 보기 때문입니다. 요즘처럼 동거가 흔한 시대에는 혼인하지 않고 같이 살다가 아이를 낳는 커플도 많을 겁니다. 그렇다면 이들도 모두 비정상일까요? 결혼 여부와 상관없이 누구나 자기가 원하면 아이를 낳을 수 있습니다. 기혼이건 독신이건 상관없이 말입니다. 그러나 미혼모라는 말에는 결혼하지 않고 아이를 낳은 여성에 대한 편견이 가득합니다. 이 말은 이혼녀만큼이나, 아니 이혼녀보다 더 부정적인 뉘앙스를 담고 있습니다. 그래서 일부에서는 그 말 대신 비교적 가치중립적인 비혼모(非婚母)나 독신모(獨身母) 등을 쓰기도 합니다. 그러나 비혼모와 독신모는 아직 사전에 오르지 못한 말들입니다. 그러므로 그 말들은 공식적으로는 한국어에 존재하지 않습니다.

한국어에 '미혼모'는 있는데 '미혼부'는 없습니다(물론 공식적으로 그렇다는 것입니다. 일부에서는 '미혼부'라는 말을 쓰고 있습니다. 그런 까닭에 이 말은 2003년 국립국어원의 『신어 자료집』에 실려 있습니다). 공식적으로 미혼부가 없는 까닭은 결혼하지 않고 혼자 아이를 키우는 남성이 없기 때문입니다. 왜 그럴까요? 아이만 낳아 놓고 도망가는 여성이 없어서죠. 여성을 임신시키고 도망가는 남성은 많지만 그런 여성은 없습니다. 생물학적으로 남성은 임신을 할 수 없으므로 논리적으로 그런 여성은 존재할 수 없습니다. 다만 아이를 낳아서 그 아이를 남성에게 떠넘기고 도망가는 여성은 존재할 수 있습니다. 실제로 그렇게 아이를 떠넘길 여성과, 떠넘긴 아이를 떠안을 남성이 있을지는 모르겠지만 말입니다. 책임감도 없고 생각도 없는 그들은, 그래서 천하에 도둑놈들입니다. 그 도둑놈들은 뼛속까지 무책임하고 무성의합니다. 자기의 아이를 책임지지 않는다는 점에서 무책임하고, 상대 여성에게 최소한의 예의를 다하지 않는다는 점에서 무성의합니다. 책임질 일을 저질렀으면 당당히 책임을 지든가, 책임질 용기가 없다면 제대로 피임을 하든가, 둘 중 하나를 했어야 합니다.

임신을 시켜 놓고 나 몰라라 도망가는 남성들은 항변합니다. 어차피 피임을 하지 않은 건 여성이니까 아이를 맡아 키우는 것도 그녀의 책임이라고 말입니다. 정말 피임의 책임은 전적으로 여성에게 있을까요? 그렇지 않습니다. 피임의 책임은 여성과 남성에게 똑같이 있습니다. 뿐더러 여성의 피임이 초래하는 불임 위험성, 먹는 피임약의 부작용, 피임기구를 몸에 삽입하는 번거로움을 감안한다면, 오히려 남성의 피임이 간편하고 당연하게 여겨질 정도입니다. 그러나 남성들은 피임을 기피하거나 피임에 무관심합니다. 그러면서 강변하죠. 성행위는 두 사람의 동의하에 같이 했지만, 그 행위의 결과는 여성이 전적으로 책임져라! 왜? 임신과 출산을 한 건 내가 아니라 너니까!

적어도 미혼모 문제에 한해서, 여성은 어떻게든 책임을 지려 하지만 남성은 어떻게든 책임을 피하려 합니다. 그러나 모든 비난의 화살은 여성에게 쏟아집니다. 미혼모는 임신시켜 놓고 도망가는 남성들의 숫자만큼 존재하는데도 말입니다. 사회가 미혼부의 책임을 문제 삼기보다는 여성의 책임만 부각하는 탓입니다. 어떻게 해서든 애를 낳아 키워 보겠다는 여성의 갸륵한 정성은 차갑게 무시되고 단지 '결혼

하지 않고' 애를 낳았다는 사실만 뜨겁게 부각되는 겁니다. 그래서 성 행위는 두 사람이 같이 했는데도, 그 결과에 대한 비난은 오롯이 여성의 몫으로 남습니다.＊ 남자에게는 관용, 여자에게는 억압이라는 이중의 성 규범이 적용되는 겁니다. 정작 비난받아야 할 대상은 여성이 아니라 남성입니다. 그런데 미혼모라는 말로는 여성만 드러낼 뿐 남성을 나타낼 수 없습니다.

낙태를 강요하거나 임신 후 관계를 끊는 것으로 미혼부는 자기 책임에서 벗어납니다. 어차피 자기가 원한 아이가 아니고 상대가 낳은 아이니까 자기에게는 책임이 없다는 걸까요? 반면 미혼모는 사회의 냉대 속에서도 양육의 책임을 전적으로 떠안습니다. 미혼부의 책임 방기를 더 이상 방치해선 안 됩니다. 이제 미혼부의 책임을 사회적으로 공론화할 시점에 이르렀습니다. 지금도 미혼부는 법적으로 양육비 지급의 의무는 있습니다. 다만 미혼부가 양육비를 주지 않으면 소송을 거쳐야 하는 등 현실적으로 절차가 까다롭습니다. 이와 관련해 호주나 스웨덴의 경우를 참고할 수 있을 겁니다. 이들 나라에서는 국가가 미

혼모에게 먼저 양육비를 지급한 뒤 미혼부에게 구상권을 행사하고 있습니다.✽

　'미(未)'가 들어간 표현 중에서 압권은 단연 미망인(未亡人)입니다. '남편이 죽고 홀로 남은 여자'를 흔히 미망인이라 부릅니다. 미망인은 언뜻 보면 대접하는 말처럼 들립니다. 비슷한 말인 과부(寡婦)와 비교해 봐도 그런 의도로 쓰이는 것을 알 수 있습니다. 과부라고 부르면 가벼운 느낌이 들지만 미망인이라고 부르면 점잖은 느낌이 듭니다. 그러나 미망인의 속뜻은 그 의도를 배반합니다. 미망인(未亡人)의 한자를 풀이하면 아직 (남편을 따라) 죽지 못한(未亡) 사람입니다. 미망(未忘), 즉 아직 (남편을) 잊지 못한 사람이 아닙니다. 아마도 여기에는 이런 생각이 깔려 있을 겁니다. '남편이 먼저 세상을 뜨면 그 부인은 남편을 따라 죽어야 한다! 그런데 미망인은 아직 따라 죽지 않은 여성이다.' 무섭고 끔찍한 의미입니다. 미망인이라는 말처럼 남녀를 차별하는 말도 드물지 않을까요? 미망인의 뜻을 염두에 둔다면, 의도했건 의도하지 않았건 그 말을 쓰는 사람들은 당사자에게 죽으라고 말하는 것과 같습니다.

　미망인이라는 말이 있는 것처럼 실제로 남편을 따라 죽은 여성이 있었을까요? 얼마나 있었는지는 알 수 없으나, 그 말이 존재하는 것으로 보아 아마 있었을 것입니다. 그렇다면 그런 부인과 같은 남편도 있었을까요? 부인이 먼저 죽은 뒤 따라 죽겠다고 생각한 남편은 아마도 없었던 것 같습니다. 설혹 따라 죽겠다고 생각한 남편이 있었다 해도, 실제로 죽음을 택한 남편은 없었거나 적었던 것 같습니다. 우리말에 미망인은 있지만 미망부(未亡夫)가 없는 것으로 봐서는 그렇게 생각해도 온당할 듯합니다. 미망인이라는 말에서 남편을 따라 죽은 여성들, 혹은 따라 죽지 못해 남은 생(生)을 죄책감 속에 보낸 여성들의 한숨 소리가 들리는 듯합니다. 미망인이라는 섬뜩한 말 대신에 '고(故) ○○○의 부인'이나 '고인인 ○○○의 부인'으로 부르는 게 나을 듯합니다.

미망인과 같은 대상을 가리키는 과부(寡婦)나 홀어미는 반대말이 있습니다. 과부의 반대말은 광부(曠夫)이고, 홀어미의 반대말은 홀아비입니다.* 그러나 미망인만 반대말이 없습니다. 뿐더러 과부를 가리키는 말은 많지만, 홀아비를 가리키는 말은 거의 없습니다. 과부를 가리키는 말로는 과녀(寡女), 과댁(寡宅), 과수(寡守), 상부(孀婦: 남편이 죽어서 혼자 사는 젊은 여자), 상로(孀老: 늙은 과부), 과붓집, 과부댁, 생과부, 떼과부(전쟁 등으로 한꺼번에 생긴 과부), 청상과부, 청춘과부, 까막과부(숫처녀 과부), 동무과부, 마당과부가 있습니다. 그러나 홀아비를 가리키는 말에는 광부와 환부(鰥夫)밖에 없습니다.

'미망인'은 순장(殉葬)을 떠오르게 합니다. 순장은 집안의 남자 주인

* 과부와 미망인의 의미가 홀어미의 의미와 정확하게 일치하는 건 아닙니다. 과부와 미망인은 남편을 잃고 혼자 사는 여자를 가리킵니다. 반면에 홀어미에는 과부의 의미에 어미의 의미, 곧 자식을 키우며 사는 여자라는 의미가 더해집니다. 남편이 죽고 홀로 자식을 키우며 사는 여자가 바로 홀어미입니다

이 죽으면 첩이나 종을 주인과 함께 묻는 풍습입니다. 순장과는 다르지만, 20세기 초까지도 인도에 그런 풍습이 남아 있었죠. 사티(sati)라고 부르는 미망인 화장식(火葬式)이 바로 그것입니다. 사티는 죽은 남편의 머리를 무릎에 올려놓은 미망인을 산 채로 화장하는 의식입니다. 한국어에 미망인만 있고 미망부가 없듯이 인도에서도 미망인 화장식만 있고 미망부 화장식은 없습니다. 이는 여성에게 일방적인 희생을 강요하는 남성 중심 사회의 결과일 겁니다. 그런 흔적은 오늘날까지도 남아 있습니다.

2008년 미국의 여론 조사 기관인 월드퍼블릭오피니언(WPO)이 세계 미망인의 날(6월 23일)을 맞아 17개국 1만 7,600명을 대상으로 실시한 조사 결과는 놀라웠습니다. 한국은 미망인에 대한 차별이 있다고 인식하는 비율이 가장 높은 나라로 뽑혔죠. '남편을 잃고 혼자 사는 여성이 사회적 차별을 받는가?'라는 질문에 한국인의 81퍼센트가 '그렇다'고 답했습니다. 30퍼센트는 '무척 심하다', 51퍼센트는 '어느 정도 있다'라고 답했죠. 프랑스(17퍼센트), 미국(37퍼센트), 중국(54퍼센트) 등과 큰 차이를 보였고, 미망인에 대한 차별이 극심하기로 악명 높은, 사티의 나라 인도보다 높았습니다.

부부 중심의 가족만을 온전한 가족으로 여기던 시대는 지났습니다. 다양한 삶의 스타일이 생겨나면서 다양한 가족 관계가 등장하고 있습니다. 미혼, 미혼모, 미망인은 결혼을 통한 가정, 부부 중심의 가정만을 정상적으로 여기는 사고방식에서 싹튼 말들입니다. 그 말들은 결혼 제도와 가족 제도를 둘러싼 억압을 증명합니다. 특히나 미망인 같은 말은 가부장적 억압을 너끈히 증명하고도 남습니다. 결혼이 억압이 아니라 자유라면, 그런 말들은 하루빨리 사라져야 합니다. 유리 뚜껑에 가로막힌 벼룩이 유리 뚜껑을 제거해도 그 높이밖에 뛰지 못하는 것처럼, 억압의 공기에 익숙한 사람은 자유의 공기를 억압으로 물들입니다. 한국 사회에서 여전히 많은 이들은 타인에게 결혼을 강요하고 있습니다.

정상 가족 이데올로기를 넘어서

5월은 가정의 달입니다. 어린이날도 어버이날도 모두 5월에 있습니다. 그러면 5월 21일은 무슨 날일까요? 고개를 갸웃하겠지만 부부의 날입니다. 2007년 제정되어 벌써 5회를 넘긴 법정 기념일이랍니다. 아마도 세계에서 수위를 달리는 이혼율 때문에 제정한 기념일이겠죠? 부부의 날이 다소 불편한 사람들이 있습니다. 결혼하지 않은 노처녀와 노총각들이 그렇고, 이혼의 상처를 안고 살아가는 이들이 그렇지 않을까요? 물론 노처녀와 노총각 쪽보다 이혼한 쪽이 좀 더 그럴 겁니다.

이혼 가정을 흔히 결손 가정이라 부르는데, 그 말은 이혼한 사람의 가슴을 쿡 찌릅니다. 결손(缺損)은 어느 부분이 없거나 잘못되어서 불완전하다는 뜻입니다. 사전은 결손 가정을 이렇게 풀이합니다. '부모의 한쪽 또는 양쪽이 죽거나 이혼하거나 따로 살아서 미성년인 자녀를 제대로 돌보지 못하는 가정'. 한마디로 불완전한 가정이라는 뜻입니다. 결손 가정이라는 단어는 그 범위가 포괄적입니다. '한쪽 또는 양쪽이 죽거나 이혼하거나 따로 사는' 여러 경우를 포함하기 때문입니다. 결손 가정 중에서 이혼했거나 사별해서 부모 가운데 한 명만 있는 경우를 떼어내 지칭하는 말이 있습니다. 편부모(偏父母) 가정, 모부자(母父子) 가정, 모자 가정(편모 가정), 부자 가정(편부 가정)이 그렇죠.

편부모 가정에서 '편(偏)'은 한쪽만 있다는 뜻입니다. 편부모 가정도 결손 가정처럼 편파적이고 폭력적인 개념입니다. 편부모 가정이라는 말 역시 결손 가정처럼 '결여'의 느낌을 지닙니다. 부모가 모두 있는 가정만 완전하고 정상적인 가정으로, 그렇지 않은 가정은 불완전하고 비정상적인 가정으로 바라보는 인식이 깔려 있습니다. 그래서 한쪽에서는 '한부모 가정'이라는 말을 쓰기도 합니다.*

＊ 이 말은 1999년, 한국여성민우회의 가족과 성 상담소가 설문조사를 통해 만든 단어로, '한'은 '하나'라는 의미와 함께 '크다' '가득하다' '온전하다'라는 의미를 담고 있습니다. 그러니까 '한부모 가정'은 부모 중 한 명이 있다는 뜻과 함께, '혼자지만 온전하다'란 뜻도 지닙니다. 모자(母子) 가정과 부자(父子) 가정의 생활 안정과 복지 증진을 목적으로 제정한 '모부자 복지법'은 2007년 '한부모 가족 지원법'으로 대체되었습니다.

부모가 함께 자녀를 돌보면 완전한 가정이고 부모의 한쪽이 없으면 불완전한 가정일까요? 과연 결손 가정에서는 자녀를 제대로 돌보지 못할까요? 현실을 들여다보면 그런 경우도 있지만 그렇지 않은 경우도 분명히 있습니다. 부모 양쪽이 모두 없는 경우라면 자녀를 제대로 돌보기 어려울 겁니다. 그러나 부모 중에 한쪽만 없다면 이야기는 달라집니다. 자녀를 돌보는 일에서 부모의 존재 여부가 중요한 이유는, 결손가정을 바라보는 사회적 시선의 문제를 차치한다면, 자녀를 돌보고 키우는 데에 들어가는 시간과 비용 때문이겠죠. 그러나 부모가 모두 있다는 사실만으로 자녀를 잘 돌보리라는 보장은 없습니다. 부모가 모두 있어도 맞벌이를 한다면, 자녀 양육에 들어가는 시간이 한쪽 부모만 있는 경우와 비교해서 거의 비슷할 수 있습니다. 맞벌이 가정은 부모 중 어느 한쪽이 자녀를 돌보는 일에 전적으로 전념할 수 없기 때문입니다. 게다가 양 부모가 있더라도 아동 학대나 가정 폭력이 벌어진다면 자녀를 제대로 돌보기가 더욱 어려워집니다. 결국 부모가 모두 있는 가정이라고 해서 반드시 화목한 것도, 아이를 잘 키우는 것도 아닙니다.

부모가 한쪽만 있어도 온전한 사랑이 있으면 양쪽이 있는 것과 마찬가지로 자식을 키울 수 있습니다. 미국 대통령 버락 오바마(Barack Hussein Obama, 1961~), 수영 황제 마이클 펠프스(Michael Fred Phelps, 1985~), 사이클 황제 랜스 암스트롱(Lance Armstrong, 1971~)은 모두 홀어미 슬하에서 자랐습니다. 그들의 사례가 보여 주듯 부모의 수로 자

녀의 보육과 교육이 보장되는 건 아닙니다. 부모가 모두 있다고 해서 자녀를 제대로 돌보는 것도 아니고, 부모가 한쪽밖에 없다고 해서 자녀를 제대로 돌보지 못하는 것도 아닙니다. 중요한 것은 부모의 수가 아니라 부모의 (자)질, 즉 양육 환경입니다. 양육 환경만 좋다면 한 부모 밑에서 자란 자녀와 양 부모 밑에서 자란 자녀 사이에 별다른 차이가 없다는 연구 결과도 있습니다. 정작 중요한 것은 자녀와의 좋은 관계, 자녀에게 쏟는 관심과 지원입니다.

백번 양보해서 부모 중에 한쪽이나 양쪽이 없는 가정에서 자란 아이들이 부모가 모두 있는 가정에서 자란 아이들보다 비뚤어질 가능성이 크다고 가정해 보죠. 앞에서는 양육 환경이 같다는 조건에서 부모가 모두 있는 가정과 한쪽만 있는 가정에서 자란 아이들이 다르지 않다고 설명했지만, 현실적으로 양육 환경의 차이가 어느 정도 있을 수 있다는 전제에서 말입니다. 그렇다고 해도 그 아이들의 탈선은 그들의 잘못이 아닙니다. 잘못이 있다면 부모가 없어도 잘 자랄 수 있도록 돌보지 못한 사회에 있습니다. 그런 의미에서 결손 가정이라는 말은 사회가 그런 책임을 져야 한다고 생각하지 못한 봉건 시대에나 어울리는 표현입니다. 결손 가정 같은 말이 사라지지 않고 남아 있는 것은 우리가 낡은 시대의 그늘에서 아직 벗어나지 못했다는 방증일 겁니다.

흔히들 이혼 가정의 자녀가 탈선할 가능성이 크다고 생각합니다.

부모가 한쪽밖에 없으면 가정이 엉망이고, 자식이 되바라질 거라는 편견은 호래자식(호래아들, 후레자식, 후레아들)이라는 말에서 극명하게 드러납니다(호로자식이나 호로새끼라는 말도 있지만 모두 비표준어입니다). 그 어원이 '홀+-의+자식'인 호래자식은 부모 한쪽이 홀로 키운 자식을 가리킵니다. 즉 홀아비나 홀어미가 키운 자식이죠(사실 홀아비/홀어미는 이혼남/이혼녀와는 다릅니다. 전자는 사별한 경우고, 후자는 이혼한 경우죠). 다만 '아비 없는 후레자식'이라는 관용적 표현으로 볼 때 홀아비의 자식보다 홀어미의 자식에 더 가깝습니다. 호래자식은 흔히 욕으로 쓰입니다. 교양이나 버릇이 없는 사람을 지칭하여 '호래자식 같은 놈'이라고 하죠.✻

설사 부모가 한쪽만 있는 가정에서 자란 아이들이 부모가 모두 있는 가정에서 자란 아이들보다 비뚤어질 가능성이 더 크다 해도, 그것은 그 가정의 문제라기보다는 사회의 시선 때문입니다. 그 아이들이 비뚤어진다면, 그것은 사회의 삐딱한 시선이 크게 작용한 결과입니다. 진짜 문제는 그 가정이 아니라 우리에게 있는 것이죠. 그러니 부모가 한쪽 혹은 양쪽이 없는 가정에서 자란 아이가 잘못된 행동을 했을 때 그것을 그 가정의 책임으로 돌리기에 앞서 우리의 삐딱한 시선을 돌아볼 필요가 있습니다. 그 시선은 멀쩡한 집안도 하루아침에 콩가루로 만들어 버립니다. 한국은 경제협력개발기구(OECD) 회원국 가운데 이혼율 1위를 다투고 있습니다. 이혼 증가로 한부모 가정이 크게 증가하고 있습니다. 지금처럼 이혼율이 높은 시대에 한부모 가정에서 자란 아이들을 모두 결손 가정의 아이들로 만들어서야 되겠습니까? 그 모든 이혼 가정이 콩가루 집안은 아닐 겁니다.

이혼한 사람들을 향한 사회의 시선은 차갑습니다. 당연히 '이혼'이라는 말에는 부정적인 함의가 가득하죠. 그 말에는 '무책임한' '문제가 있는' '자식을 생각하지 않는' 등의 의미가 덕지덕지 붙어 있습니다. 거기에서 '이혼한 사람은 성격의 결함을 가지고 있다'는 식의 편견, 더 나아가서 '이혼한 부모의 자식이나 고아는 사회성에 문제가 있다'는 식의 편견이 생겨납니다. 이혼녀나 이혼남에 대한 멸시와 비난도 이 같은 편견에 기초합니다. 미묘하긴 하지만 이혼이라는 말보다 이혼녀나 이혼남이라는 말이 낙인(烙印)의 울림이 더 강합니다. 이혼한 사람이 스스로를 "나 이혼남이야."라고 말하지 않고 "나 이혼했어."라고 말하는 것도 그 때문이 아닐까요(혹은 이혼이라는 말을 아예 꺼내지 않고 "결혼한 적 있어."라고 말하죠)?

이혼남보다 이혼녀에 대한 시선이 훨씬 더 냉정하고 가혹합니다. 주홍글씨를 단 이혼녀들은 흔하지만 주홍글씨를 단 이혼남들은 드뭅니다. 이혼남보다 이혼녀가 더 주목받고 비난받기 때문이죠. 2008년 미국 여론 조사 기관인 월드퍼블릭오피니언이 17개국 1만 7,600명을 대상으로 실시한 조사에서 한국이 이혼녀에 대한 차별이 가장 심한 나라로 드러났습니다. '이혼 여성이 차별 대우를 받는가?'라는 질문에 한국인의 82퍼센트가 '그렇다'고 답했습니다. 35퍼센트는 '무척 심하다', 47퍼센트는 '어느 정도 있다'고 답했죠. 이는 남녀 차별이 심하기로 악명 높은 나라들보다 더 높은 수준이었습니다. 결국 이혼녀는 두 가지 상처를 안고 살아갑니다. 하나는 이혼의 상처고 또 다른 하나는 편견의 상처죠. 이혼의 꼬리표('사회적 낙인')는 평생 그 사람을 따라다닙니다.

이혼은 흠결이 아닙니다. 서로 맞지 않아 같이 살기 어렵다면, 여러 가지로 노력했지만 어그러진 관계를 회복하기 어렵다면, 최종적으로 선택할 수 있는 하나의 방법일 뿐입니다. 결혼이 개인의 선택이듯이 이혼도 개인의 선택입니다. 이혼은 '신성한 결혼'을 지키기 위해 절대로 해서는 안 될 일이 아닙니다. 신성한 결혼은 행복한 결혼의 전제일 뿐 그 자체가 목적일 수 없습니다. 물론 안 할 수 있다면 이혼은 안 하는 게 가장 좋겠죠. 이혼은 권장 사항도 아니고, 살면서 꼭 해야 할 일은 더더욱 아니니까요. 한때 사랑한 사람과 갈라서는 일은 누구에게나 아픈 상처로 남습니다. 아픈 만큼 성숙한다지만, 그런 성숙이라면 차라리 사양하는 게 낫죠. 되도록 안 하면 좋겠지만 어쩔 수 없이 이혼하더라도, 타인이 그것에 대해 상관할 수는 없습니다.

　"애를 생각해서라도 참고 살아야지." 이혼을 생각하는 부부에게 주변 사람들이 흔히 하는 말입니다. 무조건 참고 사는 것이 정말로 애를 위한 길일까요? 애를 생각한다면 무조건 참고 사는 것은 해결책이 아닙니다. 부모의 다툼만 보고 자란 아이가 성인이 되어 온전히 사랑할 수 있을까요? 불가능한 건 아니지만, 아마도 어려울 것입니다. 부모가 이혼을 했느냐 안 했느냐가 중요한 게 아닙니다. 이혼에 이르기까지, 그리고 이혼 이후에 자식에게 어떤 상처를 주었느냐가 중요한 것입니다. 자식에게 미치는 이혼의 나쁜 영향은 이혼 그 자체보다 이혼을 야기한 부부간 갈등에서 비롯할 가능성이 큽니다. 그 갈등을 도저히 극복할 수 없다면 차라리 이혼하는 게 낫겠죠. 당사자는 물론 그 자식에게도 그게 더 나을지 모릅니다. 다투는 모습을 아예 보이지 않는 게 아이에게는 차라리 더 나을 수도 있습니다. 그런 점에서 "애를 생각해서라도 참고 살아야지."라는 말이 언제나 타당한 건 아니죠. 경우에 따라서는 애를 생각해서 이혼할 때도 있는 것이죠.

　지금까지 살펴본 결손 가정이나 호래자식, 이혼남, 이혼녀, 편부모(가정) 같은 말들은 모두 결혼한 부부를 중심에 놓고 만들어졌죠. 이 말들은 아빠와 엄마로 이루어진 가정을 정상적인 가정으로 여기고, 그렇지 않은 가정을 모조리 비정상적인 가정으로 배제합니다. 그러나 오늘날 가정의 모습은 점점 더 다양해지고 있습니다. 부모 중 한쪽이 자녀를 양육하는 가정(이혼 가정, 비혼모 가정)을 비롯해서 결혼하지 않고 동거하는 커플(동거 가정)도 늘어나고 있죠. 거기에다 조손(祖孫) 가정, 독신자 가정, 무자녀 가정, 다문화 가정, 동성애 가정, 독거노인 가정 등 다양한 형태의 가정이 확산되고 있습니다. 달라진 시대 상황을 고려한다면, 가정에 대한 우리의 인식도 달라져야 하지 않을까요?

숨기는 말, 숨겨진 진실
- 감춰진 폭력의 풍경

스위트 홈은 신화입니다. 가족은 가까운 관계라 누구보다 친밀하기도 하지만, 오히려 그렇기에 더 폭력적이기도 합니다. 가정은 결코 안전한 보금자리가 아닙니다. 특히 한국의 가정은 갈수록 폭력에 멍들고 있습니다. 멍들고 깨지는 쪽은 대개 여성과 아이들입니다. 폭력에 짓눌린 그들에게 가족은 지옥입니다.

여성부가 한국보건사회연구원에 의뢰해 조사한 바에 따르면 부부 2.5쌍 가운데 1쌍이 배우자로부터 폭력을 당한 적이 있다고 합니다. 그만큼 폭력이 만연해 있습니다. 배우자의 폭력을 흔히 '부부 싸움'이라 부르죠. 그런데 '부부 싸움'이라는 표현은 폭력 행위를 부부 사이에 벌어진 사적인 문제로 제한해 버립니다. 그 말에서 폭력의 주체나 대상을, 폭력의 피해나 책임을 발견할 수는 없습니다. 즉 그 말은 폭력의 실상을 은폐합니다. 따라서 그 말로는 폭력에 대한 도덕적, 법률적 책임을 묻기 어렵죠.

부부 싸움 말고도 '가정 폭력' '부부 폭력' '배우자 폭력'이라는 말이 있습니다. 그나마 '가정 폭력'이라는 표현이 '부부 싸움'보다는 낫지만, 이 말도 폭력의 실상을 정확히 드러내지 못합니다. '가정 폭력'이라는 말은 '학교 폭력'이나 '사회 폭력'처럼 폭력이 벌어지는 공간, 곧 가정을 중심에 두고 있습니다. 그렇기 때문에 '가정 폭력'은 가정 안에서 벌어지는 여러 폭력을 뭉뚱그려 가리킬 뿐입니다. 여기에는 부부 사이의 폭력뿐만 아니라 부모와 자식 사이의 폭력 등 다양한 폭력이 포함되죠. 아내 구타, 자녀 학대, 노인 유기 등이 모두 가정 폭력에 해당합니다.

부부 사이의 폭력만 가리키려면 '부부 폭력'이나 '배우자 폭력'이라는 표현이 비교적 정확할 겁니다. 이 같은 표현은 '부부 싸움'처럼 폭력 행위를 사적인 문제로 덮어 버리지 않고, '가정 폭력'처럼 부부 문제를 다른 폭력 속으로 묻어 버리지 않습니다. 그러나 '부부 폭력'이나 '배우자 폭력'이라는 표현에도 문제가 아예 없는 건 아니죠. 그 말들은 폭력의 주체를 감추고 있습니다. 실제로 폭력은 남편이 아내에게 가하는 경우가 많습니다. 그 반대의 경우도 존재하지만, 남편이 아내에게 가하는 폭력보다는 드물죠.

2008년 보건사회연구원의 조사에 따르면 부부 폭력은 40.3퍼센트로 조사됐습니다. 이 가운데 아내에 대한 폭력은 13.2퍼센트, 남편에 대한 폭력은 7.2퍼센트로 나타났습니다(여성 가족부의 「2010 가정 폭력 실태조사 보고서」도 19세 이상 65세 미만 성인 남녀 2,659명 중 부부간 폭력을 경험한 비율을 53.8퍼센트로 보고하고 있습니다). 남편의 폭력이 아내의 폭력보다 두 배 정도 더 많이 발생한 겁니다. 뿐더러 폭력의 성격과 강도에서도 남편의 폭력이 아내의 폭력보다 더 과격하죠.

남편이 부인에게 가하는 폭력의 실상을 온전히 드러내려면 '부부 싸움' '가정 폭력' '부부 폭력' '배우자 폭력(학대)'이라는 뭉뚱그린 표현은 적절하지 않습니다. 좀 더 직접적으로 '남편(의) 폭력'이라고 콕 집어 말할 필요가 있습니다. 폭력의 주체(가해자)를 강조하면 '남편(에 의한) 폭력'이 될 것이고, 폭력의 대상(피해자)을 강조하면 '아내(에 대한) 폭력'이 될 것입니다. 남편과 아내의 폭력을 통틀어 가리키는 경우가 아니라면, 폭력의 주체와 대상을 엄격히 가려서 지시해야 합니다. 부부 사이에서 벌어지는 학대의 경우에도, 대부분은 '부부 학대'가 아니라 '남편(의) 학대'일 겁니다.

‘부부 싸움’이라는 말이 폭력의 실상을 은폐하는 대표적인 경우가 두 가지 있습니다. 첫째 부부 강간. 2008년 여성부가 발표한 성폭력 실태 조사 자료에 따르면 부부 강간 신고율은 1.6퍼센트로 나타났습니다. 부부 강간이 가능하냐고 반문할 사람도 있을 겁니다. 그러나 이 조사에서 남성 응답자의 4.2퍼센트가 지난 1년간 부부 강간을 한 적이 있다고 답했습니다. 가해자인 남성조차도 부부 사이에 강간이 성립할 수 있음을 인정한 것이죠. 실제 강간 발생률은 4.2퍼센트보다 높을 것으로 짐작됩니다. 부부 사이에 강간이 성립하지 않는다고 생각한 남성들이, 강간을 저질러 놓고도 별다른 죄의식을 느끼지 않아서 제대로 답변하지 않았을 가능성이 크기 때문입니다. 앞에서 성폭력 문제를 다룰 때 언급한 것처럼, 실제로 성폭력은 모르는 사이보다 아는 사이에서 더 자주 발생합니다. 부부도 예외는 아닙니다.

부부라도 상호 합의 없는 성관계는 폭력이며 범죄입니다. 가족 간에 폭행 사건이 발생하면 폭행죄가 성립하고 살인 사건이 발생하면 살인죄가 성립하듯이 강제로 성행위가 이루어지면 강간죄가 성립하는 것이죠. 혼인 서약은 결코 강간 동의가 아닙니다. 혼인하면서 자신의 신체에 대한 권리를 포기하는 여성은 없습니다. 어차피 매일 한 이불 덮고 사는 부부에게 그깟 일이 무슨 대수냐고요? 낯선 사람이 아닌 자기 남편이 자신을 강간했다는 사실은 여성에게 지울 수 없는 상처를 남깁니다. 그것은 낯선 사람의 강간보다 더 치명적이죠. 특히 자신이 아내로서 존중받지 못하고 성적 도구로 전락했다는 생각은 엄청난 수치심과 모멸감, 배신감을 불러일으킵니다. 그런 점에서 부부 강간은 가장 나쁜 방식으로 배우자에게 상처를 주는 일입니다.

그러나 부부 강간은 대개 처벌받지 않아 왔습니다. 경찰에 신고하더라도 검찰이 기소하지 않았기 때문이죠. 지금까지 검찰은 이 경우에 '죄'가 성립하지 않는다고 보고 기소하지 않았습니다(참고로 우리 형법은 오직 검찰만이 기소할 수 있도록 정하고 있습니다. 이를 흔히 기소 독점, 기소 편의라고 합니다. 이는 검찰이 가진 막강한 힘을 증명하죠). 당연하게도 기소하지 않으니까 재판받지 않았고, 재판받지 않으니까 처벌받지도 않았던 겁니다. 피해자는 분명히 있는데 가해자는 벌을 받지 않는 어처구니없는 상황들이 벌어졌죠. 그 바탕에는 부부 사이의 강간은 성폭력일 수 없다는 생각이 깔려 있습니다('아내의 몸은 남편의 것이다').

사실 얼마 전까지만 해도, 부부 사이의 일반 폭력도 제대로 처벌받지 않았습니다. 가정 폭력 범죄에 대한 경찰의 즉각적인 개입이 의무화된 건 1997년 가정폭력특례법이 제정되면서부터입니다. 그전까지는 경찰이 가정사에 개입해서는 안 된다고 판단해 가해자를 훈방하는 경우가 많았습니다.

재미있는 것은 공권력이 부부 강간에는 대단히 소극적이다가도 간통죄에는 대단히 적극적이라는 점입니다. 간통죄란 배우자가 있는 사람이 배우자가 아닌 사람과 성관계를 가져 성립하는 범죄죠. 형법 제241조는 배우자가 있는 사람이 간통한 때에는 2년 이상의 징역에 처하며, 그와 상간한 자도 동일한 형에 처한다고 규정하고 있습니다(참고로, 간통을 저지른 여성과 남성에게 가해지는 사회적 비난이 다르죠. 간통녀는 '죽일 년'이 되지만 간통남은 '나쁜 놈'이 됩니다). 간통과 부부 강간은 둘 다 지극히 '사적인 영역'에서 벌어진다는 공통점을 갖습니다. 그 '사적인 영역'에 공권력이 개입할지 말지는 결국 국가 마음대로죠. 일관성은 없습니다. 국가는 부부 강간에는 눈을 질끈 감고 간통죄는 눈에 불을 켜고 범죄시함으로써 부부 관계에 균열을 내지 않으려 하죠. 여기에서 부부 관계를 가능한 유지하려는 국가의 속내를 엿볼 수 있습니다. 한쪽에서 국가는 간통죄를 통해 혼외정사를 차단함으로써 사전에, 그리고 적극적으로 부부 관계의 파탄을 막고 있습니다. 그런데 다른 쪽에서 부부 강간을 인정하면 파탄 난 가정이 봇물 터지듯이 쏟아져 나올 수 있습니다. 국가는 이런 사태를 원하지 않는 겁니다.

부부 강간은 1970년 대법원이 이를 인정하지 않는 판결을 내린 뒤로 줄곧 처벌되지 않았습니다. 그렇게 40년간 부부 강간은 가정이라는 사적 영역에서 사회라는 공적 영역으로 나오지 못했죠. 그러다가 2009년 1월 16일에야 부부간 강간죄를 인정한 첫 판결이 나왔습니다. 남편이 아내를 가스총으로 위협해 성폭행한 사건이었습니다. 그런데 판결이 나오고 나서 뜨거운 논란이 벌어졌습니다. 부부 강간이 범죄로 받아들여지려면 좀 더 시간이 필요한 걸까요? 실제 발생하는 부부 강간이 많은데도 이 건만 강간으로 판결난 것을 보면 아마도 그런 것 같습니다. 그러다 보니 가정 성폭력을 신고하면 '가정 파괴'로 비난하고, 학교 성폭력을 신고하면 '학교 망신'으로 몰아가는 등 오히려 피해자를 낙인찍는 일들이 벌어지는 겁니다.

둘째 부부 살해. 부부 싸움은 칼로 물 베기? 아니죠, 칼로 사람 베기! 한국 여성의 전화가 언론에 보도된 살인 사건을 집계한 결과, 2009년 한 해 동안 최소 70명 이상의 여성이 남편에 의해 살해됐다고 합니다. 2010년의 경우 10월까지 67명의 여성이 남편에 의해 살해됐고 45명의 여성이 간신히 살아남았습니다. 언론에서 다뤄지는 아내 살해는 다른 폭력처럼 그저 '부부 싸움'으로 묘사될 뿐입니다. 이 같은 시각은 가정 폭력을 철저하게 사적인 영역으로 가둬 버립니다. 가정 폭력을 가정 내 문제라는 인식 속에 방치하면서 폭력이 갈수록 과격해지고 있습니다. 아내 살해는 단순한 부부 싸움이 아닙니다. 그것은 가족 구성원의 안전과 생명을 위협하는 심각한 범죄행위죠.

아내에게 폭력을 가하는 남편들의 머릿속에는 "내가 내 여편네 좀 때렸는데 뭐가 잘못됐냐?"는 사고가 뿌리깊이 박혀 있습니다. 내가 내 물건을 버리건 깨부수건 무슨 상관이냐는 투죠. 내 여편네요? 넓게는 가정 폭력의 배후에서, 좁게는 아내에 대한 폭력의 이면에서 지독한 소유욕이 꿈틀대고 있는 겁니다. 아내나 자식을 가부장인 남성의 소유물로 여기는 것이죠. 그 욕망은 가족 내 약자를 괴롭힙니다. 가족 구성원을 자신의 소유물로 생각하는 남성은 폭력을 행사하고 나서 강제로 하는 성관계를 '부부 싸움 후 화해'로 생각합니다. 부인의 입장에서는 '구타 후 강간'인데도 말이죠. 가족 구성원은 그 누구의 것도 아닙니다. 부인은 남편의 한낱 소유물이 아닙니다.

단순한 손찌검부터 강간, 살인에 이르기까지 그 모든 폭력을 그저 '부부 싸움'으로 생각하는 남성들이 흔히 보이는 반응은 대개 이렇습니다. "남의 집안일에 웬 상관이야?" 가정 폭력을 철저하게 사적인 영역의 문제로 생각하는 것이죠. 그들의 머릿속에서 사회와 가정은 철저히 분리됩니다. 사회는 법에 의해 지배받지만, 가정은 치외법권입니다. 그들은 가정을 지배하는 유일한 법이 그들 자신이라고 생각합니다. 한 공간 안에 두 가지 법이 공존할 수 없는 법이니까요. 그러니 가정은 공권력이 개입할 수 없는 없는 '절대 성역'이 됩니다. 그 절대 성역에서 남성은 폭군으로 군림하죠('마누라와 북어는 사흘에 한 번씩 두들겨 패야 한다'). 공권력은 적어도 가정 내의 폭력에 무기력합니다. 아니, 무관심합니다.

'가정 폭력'이 아니라 '부부 싸움'으로 보는 시선('남의 집안일에 참견할

거 없잖아'), 폭력의 가해자가 아니라 집안의 가장으로 여기는 생각('그래도 가장인데 처벌은'), 때린 가해자만이 아니라 맞은 피해자에게도 문제가 있다는 편견('오죽하면 그랬겠어'). 이런 것들이 모이고 모여서 가해자에 대한 처벌을 가로막습니다. 대부분의 가정 폭력 사범들이 처벌받지 않고 풀려나는 것이죠.

가정 폭력 사범 1만 2,840명 가운데 14퍼센트만이 기소됐고 나머지는 불기소(48퍼센트)되거나 기소유예(37퍼센트)로 풀려났습니다(2008년 기준). 형법상 가족 간의 폭행은 반의사불벌죄(反意思不罰罪)에 해당합니다. 즉 피해자의 고소가 없어도 공소 제기는 가능하지만 피해자가 처벌을 원하지 않으면 가해자를 처벌하기 어렵습니다.

'맞을 짓을 했겠지.'라는 생각은 일종의 피해자 유발론(誘發論)입니다. 폭력의 원인을 가해 남성이 아니라 피해 여성에서 찾는 것이죠. 이런 상황에서 여성은 남편의 폭력을 무조건 참습니다. 가정의 평화를 위해서라면 남편의 폭력도 참아야 한다고 생각하는 겁니다.* 그러다 보니 남에게 폭력을 알리는 것에 지나친 죄의식을 느낍니다. 폭력을 알리면 '나는 왜 참을성이 없을까.'라는 죄의식으로 괴로워하죠. 그러니 여성은 남편의 폭력에 침묵할 수밖에 없습니다. 어떤 고백은 용기 있는 행위라고 존경받지만, 어떤 고백은 무책임한 행위라고 비난받습니다. 가령 정신대 할머니들은 전자에 속하죠. 그러나 남편에게서 폭력을 당하는 여성의 고백은 후자에 속합니다. 그녀의 고백은 무시당하거나 심하면 비난받습니다.

　가정 안은 어둡습니다. 매 맞는 여성의 그늘로 어둡고, 인권의 햇살이 편견의 구름에 가려져 어둡죠. 가정 폭력의 피해자를 둘러싼 편견이 공공연하게 받아들여지고 있습니다. 그런 의미에서 가정 폭력의 위상은 독특합니다. 피해자인 여성은 안전과 목숨을 위협받는 상황에서도 가정을 지킬 것을 요구받습니다. 어떤 경우에도 남편의 폭력성을 고치고 가정을 지키라고 요구받는 것이죠. 피해자인 아내에게도 일말의 책임은 있다는 단서와 함께요. 그러나 아무도 폭력 피해자에게 이런 황당한 요구를 하지는 않습니다. "가해자인 깡패를 감동시켜 폭력을 중단시켜라! 당신에게도 폭력에 대한 일말의 책임이 있다." 피해자에게 폭력의 책임을 묻는 것은 억지이고 편견입니다. 깡패는 감화가 아닌 처벌의 대상입니다. 감화는 어디까지나 처벌 이후의 문제일 뿐 처벌 이전의 문제가 아니죠.

요즘도 그런 뉴스를 접할 때가 있지만, IMF 즈음 '가족 동반 자살' 보도가 빈번했습니다. 가족 동반 자살은 IMF 이후 점차 감소하다가 2004년도에는 IMF 직후보다 높은 자살률을 기록하기도 했습니다. 그런데 동반 자살이라는 용어는 자살자들의 합의라는 뉘앙스를 암암리에 풍깁니다. 그러나 가족 동반 자살의 실상은 부모에 의한 자녀 살해입니다. 자살은 스스로 목숨을 끊는 것이죠. 다른 사람에 의해 목숨이 끊기는 것은 자살이 아니라 타살입니다. 동반 자살 피해자의 연령 분포를 보면 60퍼센트가 미성년 자녀였습니다. 10세 이하는 말할 것도 없고 10대도 독립적인 판단을 하기 어렵다고 본다면, 이들의 자살은 스스로 선택한 것이 아니라 분명히 강요된 것입니다. 오죽했으면 부모가 아이의 생명을 끊었으랴마는, 사정이 어찌 되었든 살인 행위는 정당화될 수 없습니다. 부모가 자살하면서 아이를 죽이는 행위는 명백한 범죄행위입니다. 아이는 독립된 인격체입니다. 아무리 나이가 어리고, 생각이 미숙해도 부모에게 종속된 존재가 아닙니다. 아이의 생명 역시 그의 것이지 부모의 것이 아니죠. 동반 자살이라는 표현은 자녀 살해의 비윤리성을 은폐합니다.

사랑의 매,
그 불편한 진실

　　　　　과거에는 인간이 다른 인간의 소유물이 되기도 했습니다. 서양에서는 노예가 있었고, 동양에서는 노비가 있었죠. 그러나 오늘날 인간이 다른 인간을 소유하는 일은 불가능해졌습니다. 인간이 다른 인간을 소유할 수 있는가의 문제는 시대와 의식 수준에 따라서 달라졌습니다. 그렇다면 인간이 다른 인간을 때리는 문제는 어떨까요? 특히 부모나 선생님이 사랑의 이름으로 때리는 매는 어떨까요? '사랑의 매'도 의식 수준, 인권 수준에 따라 그 인정 여부가 달라질 겁니다. 그런 의미에서 '사랑의 매'는 어린이의 인권 수준을 측정하는 리트머스 종이와도 같습니다.

여전히 많은 부모가 '사랑의 매'라는 이름으로 자식을 때리고 있습니다. 매를 맞는 어린이나 청소년 중에도 맞을 만한 행동을 했다면 맞을 수 있다고 생각하는 이들이 있습니다. 우선 '맞을 만하다'는 말부터가 마뜩잖습니다. 객관적으로 어디까지가 맞을 만한 행동일까요? 설사 맞을 만한 행동이 있다고 인정하더라도 문제는 여전히 남습니다. 맞을 만한 행동을 했다고 모두가 다 맞는 건 아니기 때문이죠. 엄마가 잘못을 했다고 아빠가 엄마를 때리나요? 아빠가 잘못을 했다고 엄마가 아빠를 때리나요? 엄마와 아빠는 잘못을 두고 서로 때리지 않습니다. 물론 부부끼리 때리는 가정도 있습니다. 그러나 정상적인 가정이라면 그런 일은 일어나지 않습니다. 부부끼리 때리는 가정은 이미 심각한 문제가 있는 가정입니다. 부부끼리 때리는 경우에 우리는 '가정 폭력' '부부 폭력' '배우자 폭력'이라고 부릅니다. 그러나 '부모 폭력'이라는 말은 잘 쓰지 않습니다.

폭력에 익숙한 어른일지라도 아무에게나 폭력을 휘두르지 않습니다. 대개 자기보다 약한 사람에게 폭력을 가할 때가 많습니다. 가령 또래 친구를 괴롭히는 아이라도 덩치가 크거나 힘이 세 보이는 아이에게는 함부로 폭력을 쓰지 못하죠. 폭력을 잘못 썼다가 자기가 맞을지도 모르기 때문입니다. 이처럼 폭력은 대개 힘이 센 사람이 힘이 약한 사람에게 가하는 것이죠. 부모의 매도 마찬가지입니다. 자녀는 대체로 부모보다 힘이 약합니다. 즉 부모의 매를 물리적으로 막아 낼 힘이 없습니다. 그러다 보니 무작정 맞거나 도망칠 수밖에 없죠. 자녀가 부모보다 키가 커지고 완력(腕力)이 세지면, 부모는 서서히 매를 덜 들게 됩니다. 자식이 나이가 들어서 그런 건 아닙니다. 몸이 성장한 만큼 자식의 힘이 세졌기 때문에 함부로 때리지 못하는 것이죠.

부모가 자녀의 잘못에 대해서 매를 드는 데는 자녀가 약하다는 이유 말고도 어리다는 이유가 있습니다. 부모는 자녀의 잘못만 '맞을 만하다'고 생각하고, 자신들의 잘못은 결코 '맞을 만한' 것으로 보지 않습니다. 도대체 누구의 잘못은 '맞을 만한' 것이고 누구의 잘못은 그렇지 않은 것인가요? 그 둘을 가르는 기준이 무엇일까요? 아무리 생각해도 잘못의 경중은 아닌 것 같습니다. 왜냐하면 자녀보다 큰 잘못을 저지르는 부모도 많기 때문이죠. 그 기준은 바로 나이입니다. 같은 잘못도 어리면 맞을 일이 되고 어리지 않으면 맞을 일이 되지 않습니다. 실제로는 나이의 수준과 잘못의 경중이 함께 고려됩니다. 즉 나이가 어리면서 잘못이 클 때 매를 맞습니다.

같은 범죄를 저질러도 나이가 어리면 형(刑)을 늘리고 나이가 많으면 형을 줄인다? 똑같이 잘못을 했다면 똑같이 벌을 받아야 합니다. 그런데 그 벌이 '매'가 되면 같은 원리가 적용되지 않습니다. 가령 어떤 부모가 거짓말한 아이를 때렸다고 해보죠. 나중에 그 부모도 거짓말을 했습니다. 그렇다면 아이가 맞은 것처럼 똑같이 맞아야 하는 거

아닌가요? '일관성의 원칙'을 따른다면 그리해야 마땅합니다. 칸트는 『실천이성비판』에서 "네 의지의 준칙이 언제나 보편적 입법의 원칙으로 타당할 수 있도록 행위하라."라고 했습니다. 쉽게 얘기해서, 개인이 따르는 규칙이 인간이면 누구나 마땅히 따라야 할 규칙이 되도록 행동하라는 뜻이죠. 칸트의 논리를 지금 상황에 대입하면, 부모가 정한 체벌 규칙은 동시에 부모 자신에게도 그대로 적용되어야 합니다. 그러나 부모는 절대로 매를 맞지 않습니다. 아무리 큰 잘못을 해도, 나이가 많으면 결코 매를 맞지 않는 것이죠.

일관성의 원칙에 대해 조금만 더 살펴봅시다. 부모는 자식에게 욕을 할 수 있지만, 자식은 부모에게 욕을 할 수 없습니다. 부모의 욕은 비난받지 않지만, 자식의 욕은 비난받습니다. 마찬가지로 아이가 어른에게, 학생이 선생에게 반말이나 욕설을 하는 것은 예의의 원칙에 따라 엄격하게 금지되지만, 어른이 아이에게, 선생이 자식에게 반말을 하거나 욕설을 내뱉는 것은 주변에서 흔하게 볼 수 있습니다. 이것이 일상에서 만나는 예의의 모습이죠. 예의란 사회적 약자가 지켜야 할 규범입니다. 그 역(逆)은 성립하지 않습니다. 사회적으로 지위가 높은 사람은 지위가 낮은 사람에게 똑같은 예의를 지키지 않습니다. 이처럼 예의란 평등하지도 상호적이지도 않죠. 자식이 부모에게 욕을 하면 패륜(悖倫)이 되지만, 부모가 자식에게 욕을 하면 훈육(訓育)이 됩니다. 그러나 정작 심각한 문제는 자식이 부모에게 버릇없이 구는 게 아니라

부모가 자식을 폭력으로 학대하는 것이죠. 체벌과 같은 물리적 폭력뿐만 아니라 욕설과 같은 언어적 폭력도 문제입니다. 부모가 사람으로서 존중받듯이 어린이도 사람으로서 존중받아야 합니다. 그러니 자녀를 때리려는 부모는 자기부터 때려야 합니다.

부모의 매와 폭력을 동일시하기 어렵다고 생각하는 사람들이 있습니다. 그들은 아이가 잘되도록 때리는 매를 폭력과 어떻게 똑같이 보느냐고 항변합니다. 매를 드는 부모의 마음을 이해 못하는 건 아닙니다. 그러나 매도 폭력이죠. 폭력은 '남을 제압할 때에 쓰는, 주먹이나 몽둥이 등의 힘'입니다. 폭력의 핵심은 타인을 제압하기 위해 신체나 도구를 이용한다는 점이죠. 부모가 아이에게 매를 드는 행위도 이와 다르지 않습니다. 아이의 심성을 억눌러 특정한 방식(부모가 올바르다고 생각하는 태도나 행동)으로 아이를 통제하기 위해 신체나 매라는 수단을 이용하기 때문이죠. 폭력과 폭력 아닌 것을 가르는 데 있어 중요한 것은 동기나 목적이 아닙니다. 폭력의 정의에서 알 수 있는 것처럼, 폭력이냐 아니냐를 결정하는 것은 방법과 수단입니다. 동기나 목적이 선해도 그 방법이 무력을 사용한다면 그것은 폭력입니다.

논쟁의 여지가 있지만, 폭력은 본질적으로 나쁩니다. 물론 어쩔 수 없이 폭력을 써야 할 때가 있습니다. 그때의 폭력은 덜 나쁜 폭력이거나, 아주 드물게 좋은 폭력이 되죠. 다시 말해 폭력에는 나쁜 폭력과 덜 나쁜 폭력, 그리고 드물게 좋은 폭력이 있습니다. 나쁜 폭력과 그렇지 않은 폭력을 가르는 기준은 동기(목적)의 정당성과 수단의 적정성입니다. 깡패가 사람을 패는 것은, 정당하지 못한 동기에서 나온 나쁜 폭력입니다. 이와는 다른 차원에서 국가도 폭력을 행사합니다. 가령 국가가 전쟁을 벌이는 행위도 폭력이고 공권력이 치안을 유지하는 행위도 폭력입니다. 폭력을 행사한 깡패를 잡으려면 경찰도 폭력을 써야 합니다. 국가가 정의롭다는 전제 아래에서, 공권력은 그 정당성을 획득할 수 있습니다. 그것은 정당한 동기에서 행사하는 덜 나쁜 폭력, 경우에 따라서는 좋은 폭력일 수 있습니다. 다만 경찰이 깡패를 잡는답시고 아무 저항도 하지 않는 사람을 죽기 직전까지 구타해 체포한다면, 그때의 공권력은 나쁜 폭력으로 전락합니다. 수단이 목적의 정당성을 벗어나 버린 공권력 남용인 것이죠.

매도 분명 폭력입니다. 다만 어떤 매는 정당한 동기에서 행사하는 덜 나쁜 폭력일 수 있습니다. 그러나 모든 매가 다 그런 것은 아닙니다. 홧김에 하는 손찌검이나 아이의 고집을 꺾으려고 때리는 매는 정당한 동기와 거리가 멉니다. 게다가 나쁜 폭력이 되지 않으려면 동기의 정당성과 더불어 방법의 적정성도 만족시켜야 합니다. 앞에서 살펴본 것처럼, 동기 자체가 악해서는 안 되고 폭력을 행사하는 과정에서 일정한 정도를 넘어서지 않아야 나쁜 폭력이 안 됩니다. 만약 당신이 부모라면 당신의 매는 정당한 폭력인가요, 아니면 정당하지 못한 폭력인가요? 가슴에 손을 얹고 생각해 보세요. 지금까지 홧김에 매를 든 적은 없었는지, 아이의 잘못에 비해 과하게 때린 적은 없었는지 돌이 켜 봅시다. 그런 적이 있다면, 당신의 매는 덜 나쁜 폭력보다 못한 나쁜 폭력에 지나지 않습니다. 매를 허용하기 시작하면 이성의 통제에서 벗어나 감정적 폭력으로 번지는 것은 불 보듯 뻔합니다. 그러므로 매는 거두어야 합니다.

여전히 많은 이들이 체벌의 필요성을 인정하고 있습니다. 2010년에 한국 교육 개발원이 실시한 여론조사에 따르면, 가벼운 정도의 체벌은 필요하다는 응답이 67.7퍼센트에 달했습니다. 체벌의 고통조차 추억으로 간직한 어른들은 서슴없이 "때려야 사람 된다."라거나 "애들은 맞으면서 큰다."라고 말합니다. 때리는 위치에 있는 사람의 입에서 나오는 그런 말들은 거짓입니다. 거짓이 아니면 때리는 사람만 믿는 진실입니다. 대화로 타이르기는 어렵고 폭력으로 길들이기는 쉽기 때문에 그들은 그렇게 믿고 싶어 합니다. 때리면 맞을 수밖에 없는 위치에 있는 이들조차 일부는 "잘못했으니까 맞는다."라며 폭력에 동조하기도 합니다(대개 아주 어릴 때는 스스로 그렇게 생각하지 않다가도, 가정과 학교에서 반복적으로 체벌에 노출되다 보면 그렇게 생각합니다). 때리는 사람(강자)이 맞는 사람(약자)의 마음과 머리, 아니 뼛속 깊이 내면화시킨 '강자의 시선' 탓이죠. 그런 점에서 "때려야 사람 된다."의 사람은 능동적 존재가 아니라 수동적 존재인 것이죠. 맞아야 말을 듣는 그런

존재 말입니다. 폭력에 길든 수동적 존재들이 결국 또 다른 폭력의 가
해자가 됩니다. 당장은 학교 폭력을 재생산하고, 멀게는 또 다른 가정
폭력을 재생산합니다.

　범죄를 저지른 사람도 벌금을 물리거나 감옥에 가두는 등 처벌을
하지 매를 때리지는 않습니다. 옛날에는 매를 때렸습니다. 잘못을 저
지른 사람은 관가에 불려 가 곤장을 맞아야 했습니다. 그때는 지금과
달리 인권에 대한 의식이 없어서 사람을 함부로 때렸죠. 사람 사이에
가로놓인 신분의 벽도 한몫 거들었습니다. 사람과 사람 사이에 엄격한
신분의 벽이 있어서 신분이 높은 사람이 낮은 사람을 매로 때리거나
짐승처럼 부렸죠. 심지어 사고팔기조차 했습니다. 이 모든 일들은 인
권 의식이 낮았을 때 일어났습니다. 오늘날에는 사람이면 누구나 존
중받아야 한다고 생각합니다. 다만 종종 '누구나'에 어린이가 포함되
지 않을 뿐이죠. 어린이의 인권에 대한 의식 수준이 낮아서 어린이에
게 매를 드는 부모가 여전히 많은 게 사실입니다. 어린이의 인권에 대
한 의식 수준이 높아지면 그런 어른들은 줄어들 겁니다. 인권의 대상
과 내용은 사회가 발전하면서, 또한 인권 주체의 노력 속에서 점점 확
대되기 마련이니까요. 역사 속에서 신분의 차별이 사라진 것처럼 언
젠가 어린이에 대한 체벌도 사라지지 않을까요? 다만 인권 주체들, 즉
어린이들의 노력이 다른 사회적 약자들에 비해 조직화되지 못한 탓에
다소 더디게 사라질 수는 있겠죠.

세상에 잘못된 행동은 있지만 맞을 만한 행동은 없습니다. 잘못을 했다고 무조건 사람을 때려야 하는 건 아닙니다. 잘못한 행동에 대한 벌은 매 말고도 많습니다. 훈계를 할 수도 있고, 용돈을 깎을 수도 있고, 청소를 시킬 수도 있습니다. 잘못된 행동에 벌을 줄 수 있지만, 벌을 매로 해서는 안 됩니다. 따라서 '사랑의 매'는 없습니다. 사랑한다면, 정말 사랑한다면 매가 아닌 다른 방법으로 아이를 가르쳐야 합니다. 사랑은 따스한 마음으로 하는 것이지, 뜨거운 주먹으로 하는 게 아닙니다. 매를 들 때가 바로 더 사랑해야 할 때입니다. 아이를 사랑하는 방법이 매밖에 없다면, 그것은 사랑이 아니죠. 그것은 진짜 사랑이 아니라 사랑이라는 이름의 소유욕입니다. 세상에 사랑하기 때문에 때리는 사랑은 없습니다. 스토커의 사랑도 사랑일 수 있다면 그 사랑을 제외하고 그렇습니다. 그러나 스토커의 사랑은 사랑이 아니라 집착이고 소유욕이죠. 사랑은 사랑하는 사람을 존중하지 억압하지 않습니다. 사랑은 사랑하는 사람의 생명과 존엄을 살리지 죽이지 않습니다. 아이를 꽃처럼 밝게 키우려면 꽃으로도 때려서는 안 된다고 했습니다. 아이를 합리적으로 키우고 싶다면 합리적으로 가르쳐야 합니다. 합리적인 교육을 받은 아이가 합리적인 사람으로 성장합니다.

가정에서의 체벌뿐만 아니라 학교에서의 체벌에 대해서도 생각해 볼 필요가 있습니다. 서울시 교육청은 2010년부터 서울 지역 모든 초·중·고등학교에서 체벌을 전면 금지하고 있습니다. 이 흐름이 전국으로 확대될지는 아직 미지수입니다. 학교에서의 체벌은 아주 일상화되어 있습니다. 가령 교사 생활을 시작한다는 뜻으로 "교편을 잡는다."라고 말합니다. 사전은 교편을 '교사가 수업이나 강의를 할 때 필요한 사항을 가리키기 위하여 사용하는 가느다란 막대기'로 풀이합니다. 교편에서 편(鞭)은 채찍이나 막대기를 뜻합니다. 현실에서 교편은 지휘봉과 몽둥이를 넘나듭니다. 그러니 저 말을 풀어 보면 "학생들을 가르치기 위해 매를 든다." 정도가 될 것입니다. 사실 체벌 문화의 뿌리는 깊습니다. 조선시대에도 초달문화(楚撻文化)가 있었습니다. 초달은 회초리를 뜻하는데, 초달문화는 부모가 자식을 서당에 맡기면서 싸리나무를 한 다발 묶어 훈장에게 건네는 문화입니다. 즉 부모가 공식적으로 체벌을 용인했던 것이죠.

너의 몸은 도구다
- 임신을 둘러싼 말들

한국 사회가 여성을 인정하고 존중하는 경우는 딱 한 번입니다. 바로 임신했을 때! 그때 여성은 가정과 사회에서 인정받고 존중받습니다. 가정이야 자기 가족이라 그렇겠지만 사회는 왜 그럴까요? 여성의 임신과 출산을 통해 다음 세대의 사회 성원을 재생산해 사회를 유지해 나가기 때문일 겁니다. 그래서 모성 보호라는 이름으로 모성(母性)을 보호합니다. 모성 보호는 임신, 출산, 수유라고 하는 여성 고유의 본성에 근거하여 여성의 몸을 보호하고 다음 세대의 사회 성원을 건강하게 재생산할 수 있도록 보장하는 사회적 보호 조치를 뜻합니다. 한국 사회는 모성 보호법까지 만들어 좀 더 적극적으로 모성 보호에 나서고 있습니다.

　모든 여성이 애를 낳는 것도 아닌데, 사회는 여성을 잠재적 임산부로 여깁니다. '가임(可姙) 여성'이라는 표현은 그런 생각을 반영합니다. 임신과 출산의 관점에서 여성을 바라보는, 대표적인 사례가 두 가지 있습니다. 첫째는 산부인과. 남성들이 다니는 의원은 대개 비뇨기과이고 여성들이 다니는 의원은 주로 산부인과입니다. 산부인과는 산과(産科)와 부인과(婦人科)가 합쳐진 명칭입니다. 산과에서는 임산부와 관련된 출산, 낙태 등을 다루고, 부인과에서는 자궁 질환과 같은 부인병을 진료합니다. 사실 부인병(婦人病)이라는 명칭도 편파적입니다. 부인병은 여성 생식 기관의 질환을 가리키는데, 꼭 결혼한 여성만 걸리는 질환이 아니기 때문이죠. '산'부인과라는 명칭은 여성을 임신하는 존재로, 더 나아가 임신해야 하는 존재로 규정한다는 점에서 문제가 있습니다. 많은 여성이 임신과 출산을 한다 해도, 모든 여성이 그런 것은 아니기 때문입니다. 또한 산'부인'과라는 명칭은 결혼을 중심에 놓고 여성을 바라본다는 점에서도 문제가 있습니다.

　산부인과가 아니라 여성과(女性科)나 여성 의학과로 부르면 안 될까요? 예전엔 성인 여성이 거의 결혼하고 임신했으므로, 부인과와 산과는 겹칠 수밖에 없었습니다. 그러나 요즘은 그렇지 않습니다. 결혼하지 않는 여성도 많을뿐더러 결혼해도 아이를 갖지 않는 여성이 있습니다. 비혼 여성은 물론 청소년도 산부인과를 드나들므로 여성 의학

✱ 임상의학의 분류에는 산과와 부인과는 있지만 여성과는 없습니다. 산과와 부인과는 각각 obstetrics와 gynecology를 번역한 말들입니다. 그런데 부인과를 가리키는 gynecology에서 'gyneco'는 '여성과 관련된 (것)'이라는 뜻이죠. 여성 가운데 특별히 결혼한 여자, 즉 부인(婦人)을 지칭하는 말은 아닙니다.

과라고 부르는 게 맞습니다. 한 조사에 의하면 10대 여학생 가운데 36.1퍼센트가 부인병에 시달린다고 합니다. 일본은 이미 2006년부터 산부인과를 여성 진료과로 고쳐 부르고 있습니다.✱

둘째는 '부녀(자)'. 부녀자(婦女子)와 아녀자(兒女子)는 뒤섞여 쓰이지만, 그 뜻이 서로 다릅니다. 아녀자가 어린 여자와 성인 여자를 아우르는 말인 반면에 부녀자는 결혼한 여자와 성인 여자를 아우르는 말입니다. 부녀자에서 '부(婦)'는 결혼한 여자를 가리키고 '여(女)'는 (결혼하지 않은) 성숙한 여자를 가리킵니다. 그런데 우리말에 결혼한 남자인 '부(夫)'와 (결혼하지 않은) 성숙한 남자인 '남(男)'을 합쳐 부르는 부남자(夫男子)는 없습니다. 영어에서도 결혼한 여자와 결혼하지 않은 여자는 따로 불립니다. 성인 남자는 모두 미스터(Mr.)지만, 성인 여자는 결혼한 여성(Mrs.)과 결혼하지 않은 여성(Miss)으로 구분합니다[미스터처럼 기혼과 미혼을 구분하지 않고 여성을 가리킬 때는 미즈(Ms.)를 씁니다]. 왜 여자만 결혼한 여자와 결혼하지 않은 여자로 구분해 부르는 걸까요? 그것은 아마도 남성 입장에서 여성을 바라보는 시선의 결과일 겁니다.

다음과 같은 신문 기사 내용을 봅시다. "서울시는 오는 17일과 18일 이틀간 20~40대의 가임기 여성을 대상으로 홍익대학교 앞과 강남

교보빌딩 앞에서 건전 음주 캠페인을 실시한다."(「매일경제」 2010년 11월 16일자) 그런데 건전 음주 캠페인이라뇨? 임신한 여성의 음주를 사회가 책임질 필요가 있을까요? 간섭과 억압은 술보다 담배 쪽이 더 심합니다. 간섭의 논리는 간단합니다. 여성은 언젠가 애를 낳아야 하는데, 흡연이 태아 건강에 해롭다는 식이죠. 그 근거는 흡연 임산부의 유산 위험성은 일반 임산부의 1.6배, 신생아의 급사 발생률은 2.3배 높다는 겁니다. 먼저 이 논리는 여성을 잠재적 임산부로 간주한다는 점에서 문제가 있습니다. 앞에서 지적한 것처럼, 여성은 잠재적 임산부가 아닙니다. 남성이 잠재적 아버지가 아니듯이 말이죠. 아버지가 되고 싶은 남성과 그렇지 않은 남성이 있는 것처럼 어머니가 되고 싶은 여성과 그렇지 않은 여성이 있습니다. 모든 여성이 어머니가 되고 싶어 하는 것도 아니고, 또 실제로 되지도 않습니다.

여성 중에서 나중에 어머니가 될 사람의 경우에도 금연 결정은 본인이 선택할 문제입니다. 아직 일어나지 않은 일을 가지고 미리부터 금연을 강요할 권리는 어느 누구에게도 없습니다. 아니, 임산부라 해도 마찬가지입니다. 평소에 흡연하던 여성도 임신하면 자연스레 담배를 끊을 겁니다. 대부분이 그럴 가능성이 크지만, 물론 다 그렇지는 않습니다. 2004년 세계보건기구의 발표에 따르면, 전 세계적으로 임산부의 30퍼센트가 임신 중에도 흡연을 합니다. 임신 중에 흡연하는 임산부라 해도, 다른 사람이 함부로 이러쿵저러쿵할 수는 없습니다.

예외적으로 대만처럼 임산부의 흡연을 법('담배 해악 퇴치법')으로 금지하는 나라도 있지만, 금연 결정은 오직 자기가 하는 것이니까 말이죠. 거듭 강조하자면 임산부의 흡연을 강제할 권리는 그 누구에게도 없습니다.

여성의 흡연에 대해서 이중적인 입장을 취하는 남성들이 많습니다. 대부분의 남성은 여성의 흡연이 여성의 건강에 해롭고, 가임기 여성에게는 치명적이라고 생각합니다. 흡연이 건강에 해롭다면 그것은 여성뿐만 아니라 남성에게도 그렇고, 마찬가지로 여성의 흡연이 태아에게 치명적이라면 남성의 흡연도 태아에게 치명적일 겁니다. 직접 흡연을 통해 들이마시는 연기보다 간접흡연을 통해 들이마시는 연기에 더 많은 종류의 발암물질이 들어 있다고 합니다. 아이의 건강과 관련하여 흡연을 금지해야 한다면 엄마의 흡연과 함께 아빠의 흡연도 동일하게 금지해야 할 겁니다. 그런데 왜 여성의 흡연만 문제 삼는 걸까요? 임산부에게 금연을 요구하면서 그 남편에게 금연을 요구하지 않는 것은 이상합니다. 앞에서 소개한 대만의 금연법도 임산부의 남편이나 가족 등 주변 인물들의 흡연에 대해서는 간섭하지 않습니다.

더 나아가서 출산과 육아를 위해 여성에게 일을 포기하도록 종용하는 남성도 있습니다. 남성의 사회적 성취를 위해 여성을 희생시키는 겁니다. 자아 성취가 소중하다면, 그것은 남성뿐만 아니라 여성에게도 소중합니다. 그런데도 주위를 둘러보면 여성의 자아 성취를 위해 직장을 그만두는 남성은 거의 없고, 남성의 자아 성취를 위해 직장을 그만두는 여성만 즐비합니다. 2009년 6월 이명박 대통령은 '아이 낳기 좋은 세상 운동 본부' 출범식에 참석해 "여성들의 자아실현도 좋지만, 아이를 낳는 행복감도 크다."라고 말했습니다. 똑같은 말을 남성에게는 하지 않습니다. "남성들의 자아실현도 좋지만, 아이를 키우는 행복감도 크다!" 여성은 일과 육아를 병행하느라 밤낮으로 분주합니다. 그러나 남성은 정반대입니다. 그저 바깥일만 신경 쓰면 그만이죠. 남성 역시 육아 휴직을 신청할 수 있지만, 육아 휴직을 신청하는 남성은 드뭅니다.

한국의 출산율은 세계 최저 수준입니다. 현재 수준의 인구를 유지하는 데 필요한 최소 출산율 2.1명은 일종의 마지노선입니다. 한국의 출산율은 이 마지노선을 밑돈 지 오래입니다. 1983년 출산율이 2.06명을 기록한 이래 30년 가까이 지속적으로 하락했습니다. 최근 몇 년간 출산율은 1.08~1.26명으로 세계 최저를 자랑합니다. 2010년에는 1.24명을 기록했습니다(세계 평균은 2.52명). 이대로 가면 머지않아 한국인은 멸종 위기 종(種)으로 분류될지도 모릅니다.*

　인위적인 출산 장려 정책은 정답이 아닙니다. 그런데도 정부는 이런 일에 힘을 쓰고 있습니다. 2009년 12월 18일 이화여대에서는 보건복지부 사업의 일환으로 '제1회 저출산 극복을 위한 생식 건강 증진 대회'라는, 다소 엽기적인 이름의 행사가 열렸습니다. 생식(生殖) 건강 증진? 쉽게 말해 건강을 증진해 생식, 즉 애를 잘 낳아 보자는 건데, 21세기에 어울리지 않는 표현과 발상임에 틀림없습니다. 같은 해 12월 9일 성신여대에서는 '행복한 출산, 부강한 미래'라는 캐치프레이즈를 내건 콘서트가 열리기도 했습니다. 행사에 참여한 여학생들은 '출산 서약'을 했는데, 거기에는 적극적으로 출산에 임하고 낙태 방지에 앞장서겠다는 내용이 담겼습니다. 생식 건강 증진 대회나 출산 서약은 21세기에 벌이는 20세기의 관제(官製) 쇼 같습니다. 이 같은 일련의 행사에는 중요한 문제가 쏙 빠져 있습니다. 결혼해서 애를 낳지 않는 게 문제지만, 그건 단순히 개인의 건강이나 선택으로 다룰 문제는 아닙니다. 낳고 싶어도 그럴 수 없는 환경과 조건이 더 큰 문제인 거죠.

아이보다는 생활의 안정이 먼저라고 생각했습니다. 이젠 엄마가 되고 싶습니다. 사교육비가 힘들어 동생 없는 외로움을 더해 주었습니다. 동생을 선물하고 싶습니다. 아이는 당신과 대한민국의 미래입니다.

한 저출산 공익 광고에 나온 내용입니다. 한마디로 여자만 결심하면 저출산 문제는 해결된다는 메시지입니다. 저출산의 원인은 출산을 꺼리는 엄마들의 태업(怠業) 때문일까요? 과연 그것이 진실일까요? 광고에서 지적한 생활의 안정, 사교육비 등의 문제가 해결되지 않으면 출산하는 대한민국은 요원합니다. 세계 최저 출산율과 세계 최고 자살률(경제협력개발기구 국가 가운데 1위)은 동전의 양면입니다. 이 지상의 지옥에서는 하루하루 살아가는 것도, 애를 낳아 기르는 것도 결코 만만찮은 일이죠. 아이 낳아서 키우기 어려운 현실을 외면한 채 출산을 꺼리는 여성만 나무라서는 안 됩니다. 그런데도 한국 사회는 출산율에 대한 위기의식으로 여성을 몰아붙이기에 바쁩니다. 번지수를 잘못 짚어도 한참 잘못 짚었죠.

저출산 문제는 여성(의 선택)을 압박해서 해결될 일이 아닙니다. 압박하려거든 여성이 아니라 남성을 압박해야 조금이나마 문제가 풀릴 수 있을 겁니다. 송강 정철(1536~1593)은 "아버지 날 낳으시고 어머니 날 기르시니."라고 읊었다지만, 이는 새빨간 거짓말입니다. 오늘의 한국에서 낳는 것, 기르는 것, 그 모두는 엄마의 몫입니다. 그러니 여성에게 책임을 돌리지 말고, 남성과 사회가 먼저 달라져야 합니다. 실효성도 없는 출산 정책 대신 여성이 일과 출산(및 육아)을 병행할 수 있도록 해야 합니다. 일터에서 남녀 차별을 확실히 뿌리 뽑고, 가정에서 가사 분담을 철저히 해야 합니다. 남성이 좀 더 적극적으로 가사와 육아에 임한다면 여성의 선택도 훨씬 쉬워지지 않을까요? 전체 육아 휴직자 중 남성의 비율은 고작 1.4 퍼센트에 불과했습니다(2009년 기준 502명). 정작 중요한 것은 여성의 선택이 아니라 남성의 선택인 것이죠.

남녀가 평등한 사회일수록 출산율이 안정적입니다. OECD 회원국 중 출산율이 높은 나라로 손꼽히는 노르웨이가 대표적이죠. 2010년 세계경제포럼(WEF)이 조사한 성 평등 지수에서 2위

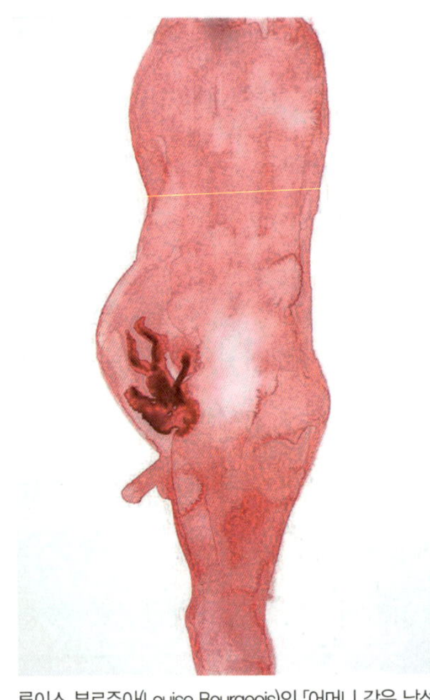
루이스 부르주아(Louise Bourgeois)의 「어머니 같은 남성(The Maternal Man)」.

를 차지한 노르웨이는 출산, 육아 휴직을 최대 52주까지 사용할 수 있고, 42주까지는 급여의 100퍼센트를 보장합니다. 한국은 어떤가요. 우리나라는 육아 휴직이 1년까지 가능하지만, 급여의 40퍼센트까지만 보장합니다. 그것도 100만 원까지만. 이마저도 2011년부터 적용된 것이고, 그전까지는 월 50만 원 정액제로 지급되었습니다. 2007년 기준으로 노르웨이 노동자 평균 임금이 6만 6,000달러인 점을 감안하면, 육아 휴직으로 노르웨이 노동자가 500만 원을 받을 때 한국 노동자는 고작 그 10분의 1을 받았던 셈이죠. 이것이 애 낳는 사회와 애 낳지 않는 사회의 차이입니다.

쥐꼬리만 한 아동 수당은 근본적인 해결책이 될 수 없습니다. 돈 몇 푼 쥐어 준다고 계획에도 없는 아이를 낳을 사람은 없습니다. 여성은 애 낳는 자판기가 아닙니다. 저출산 문제를 해결하려면 국가가 보다 적극적으로 나서야 합니다. 국가는 보육 서비스, 육아 휴직 제도, 아동 수당 제도 등을 확대하는 동시에 철저히 보장할 필요가 있습니다. 현재도 법적으로는 육아 휴직이 보장됩니다. 남녀고용평등법에 따르면 임신·출산한 여성 노동자에게 육아 휴직 1년, 출산 휴가 90일을 보장하고 있습니다. 문제는 실제 노동 현장에서 잘 지켜지지 않는다는 것이죠. 육아 휴직을 하려면 눈치를 주거나 은근히 퇴사를 종용하는 경우가 많습니다. 그러다 보니 육아 휴직이나 출산 휴가를 쓰기도 어렵거니와, 설사 쓴다 해도 제대로 복직이 될지 불투명합니다. 이미 있는 법이 잘 지켜지도록 철저한 관리와 감독이 요구되는 대목입니다. 게다가 육아 휴직 제도가 고용 보험에 기초하고 있어 고용 보험에 가입하고 싶어도 그러지 못한 직장 여성들은 육아 휴직 혜택에서 소외되어 있습니다. 2009년 8월 기준으로 정규직 여성의 82.4퍼센트, 비정규직 여성의 37퍼센트만이 고용 보험에 가입되어 있습니다. 이들에 대한 정책적 배려도 필요합니다. 더불어 주택과 같은 기본적인 삶의 조건을 안정시켜 주고 과도한 사교육비 부담을 덜어 주어야 합니다.

어떤 목적을 성취하지 못했다고 해서 그 사람의 가치가 없다고 말할 수는 없습니다. 출산 여부와 상관없이 여성은 존엄하고 가치 있는 존재입니다. 그것은 여성뿐만 아니라 모든 사람에게 적용되는 원리입니다. 사람은 어떤 목적의 수단이나 도구가 아니라 그 자체가 목적이기 때문입니다. 여성은 국가를 위한 노동력 생산 도구가 아닙니다. 여성은 애를 낳으려는 목적으로 살아가는 존재가 아닌 것이죠. 국가 발전을 내세워 여성의 자기 결정권을 함부로 침해해서는 안 됩니다. 여성의 몸은 누구의 것인가요? 여성의 몸은 전적으로 그녀의 것이죠. 여성의 몸은 결코 출산을 위한 도구가 될 수 없습니다. 애를 낳으라고 윽박지르지 말고 애를 낳을 수 있는 환경을 먼저 만들어 줘야 합니다. 낳을지 말지를 결정하는 문제는 그다음입니다. 여성은 애 낳는 기계가 아닙니다.

조선시대에는 아이 못 낳는 것을 칠거지악(七去之惡)에 포함시켜 죄악시했습니다. 불임 여성뿐만 아니라 장애 여성도 "애도 못 낳을 게."라는 말을 듣기 십상입니다. "애도 못 낳는 게."는 아이를 낳지 못하는 여성을 비난하는, 현대판 칠거지악과 같습니다. 애를 못 낳는 것은 그 누구의 잘못도 아닙니다. 선천적으로 애를 낳지 못하는 것을 비난해서는 안 됩니다. 그것은 개인의 책임이 아닙니다. 못 낳는 것뿐만 아니라 안 낳는 것도 마찬가지입니다. 출산은 남이 참견할 수 있는 문제가 아니라 전적으로 본인이 결정할 문제입니다. 출산은 숭고하고 아름다운 것이지만, 누구에게도 강요할 수 없는 것이죠. 애를 낳지 않는 여성을 삐딱하게 보거나 애를 낳지 못하는 여성을 비난하는 일은 없어져야 합니다.

제 4 장

보이지 않는 언어,
보이지 않는 장벽

호칭, 하얀 거짓말의 처세술

　　호칭은 대개 그 사람의 이름을 가져다 쓰지만, 직함이 호칭을 대신하기도 합니다. 이름을 모르거나 이름으로 부르기 어려운 관계나 자리에서 직함은 이름을 대신합니다. 공식적인 자리에서 이명박 대통령이 이명박 씨로 불리지 않고 대통령님으로 불리는 까닭입니다. 물론 그때도 그 사람의 직업이나 직책이 모두 호칭이 되는 건 아닙니다. 호칭이 될 수 있는 직업과 호칭이 될 수 없는 직업은 따로 있습니다. 그 둘을 나누는 기준은 직업에 대한 사회적 평가죠. 그런 점에서 호칭은 곧 신분입니다.

　　이를테면 누구나 교수를 교수님이라고 부르지만 아무도 경비를 경비님이라고 부르지 않습니다. 경비는 '(경비) 아저씨'일 뿐이죠. 사실 호칭으로 부르는 직업은 얼마 되지 않습니다. 교수, 판사, 감독, 피디, 변호사, 국회의원 등 몇 개에 불과하죠. 그들은 교수님, 판사님, 감독님, 피디님, 변호사님, 의원님으로 나긋하게 불립니다. 나머지의 거의 모든 직업들은 그 뒤에 '-님'을 붙여 부르면 어색하고 곤궁해집니다. 경비님, 농부님, 청소부님, 우체부님은 부르는 이에게는 낯설고 불리는 이에게는 멋쩍습니다. 가엾게도 그들을 부르는 호칭은 하나입니다. 바로 아저씨 또는 아줌마죠.

신분으로서의 호칭은 끈덕집니다. 직함이 호칭이 되는 이들에 한해서 더더욱 그렇습니다. 여러 자리를 거치거나 동시에 여러 직함을 가지고 있는 경우에는 그 사람이 맡았거나 맡고 있는 자리 중 가장 높은 것으로 불리기 마련입니다. 그래서 한번 장관은 영원히 '장관님'으로, 한번 국회의원은 영원히 '의원님'으로 불리죠. 한번 아저씨도 특별한 일이 없는 한 영원히 아저씨입니다. 아니면 기껏해야 ○ 씨나 ○○ 씨죠. 로또라도 당첨되어 인생 역전에 성공하지 못한다면 번듯한 호칭은 아득할 뿐입니다. 호칭의 눈으로 들여다본 한국 사회는 견고한 신분제 사회입니다. 1948년에 헌법이 제정된 자유민주 공화국은 여전히 신분제에 갇혀 있습니다.

그렇다면 호칭이 될 수 없는 직업을 가진 이들은 다짜고짜 아저씨와 아줌마로만 불릴까요? 그렇지는 않습니다. 그래서 등장한 호칭이 바로 사장님입니다. 둘러보면 사장님은 어디에나 널려 있죠. 빵집 주인도 사장님이고 세탁소 주인도 사장님입니다. 구멍가게나마 자기 가게를 가진 사람은 누구나 사장님이죠. 물론 이 경우에도 아저씨와 아줌마로 불리는 이들이 모두 사장님이 되는 건 아닙니다. 작은 가게나마 자기 영업장을 소유한 사업주만 사장님으로 불릴 수 있습니다. 그래서 남의 가게에서 돈 받고 일하는 아저씨와 아줌마는 여전히 아저씨와 아줌마일 수밖에 없습니다.

사장이란 본디 회사의 책임자를 가리킵니다. 국어사전도 사장을 '회사 업무의 최고 집행자로서 회사 대표의 권한을 지닌다'라고 풀이하고 있습니다. 이 말이 어느새 회사의 책임자가 아니라 가게의 주인으로 둔갑한 것이죠. 회장님도 사장님과 사정이 비슷합니다. 회장에는 두 가지 뜻이 있습니다. 하나는 모임 대표자로서 회장이고, 또 다른 하나는 주식회사에서 이사회 우두머리로서 회장입니다. 동창회 회장, 산악회 회장, 청년회 회장 등에서의 회장은 전자이고 대기업의 회장은 후자입니다. 그런데도 전자의 의미가 아니라 후자의 의미로서 회장님이 여기저기 출몰합니다. 이 회사에도 회장님이 있고 저 회사에도 회장님이 있습니다.

사장님, 회장님과 같은 말들은 때와 장소를 불문하고 사용됩니다.

어떤 모임을 대표하는 사람에게 회장이란 표현을 쓰는 것이야 문제없
겠지만, 이사회도 없는 작은 회사의 사장이 회장이라면 그것은 텅 빈
언어에 불과할 겁니다. 사장이 회장 행세하는 것은 허영입니다. 영화
〈초능력자〉에서 주인공은 취직하자마자 대리를 답니다. 주인공이 취직
한 회사는 사장이 한 명이고 주인공이 유일한 직원이었습니다. 이처럼
직원도 몇 명 안 되는 작은 회사에서 말단은 과장, 중간은 부장, 상사
는 차장으로 직책을 구분하는 일이 많습니다. 그 회사가 마치 큰 기업
이나 되는 것처럼 말입니다. 작은 것을 견디지 못하는 탓일까요? 모든
기업이 대기업일 수는 없습니다. 또한 대기업일 필요도 없습니다. 사람
도 다르지 않을 것입니다. 회사마다 각자의 몫과 규모가 있고, 사람에
게도 각자의 자리가 있습니다. 자기 자리와 어울리지 않는 호칭은 자
기 몸보다 훨씬 커다란 옷을 입은 것처럼 우스꽝스럽습니다.

회장님과 마찬가지로 사장님이란 표현에는 작은 것을 크게 보이고
싶어 하는 욕망이 가득합니다. 그 욕망의 밑바닥에는 작다는 이유로
당해야 했던 설움과 상처가 있겠죠. 현실은 속삭입니다. 조직의 규모
에 따라 사람에게는 등급이 주어진다고. 그 사람이 몸담은 조직에 따
라 그의 등급이 정해진다고. 한우에 등급을 매기는 것처럼 대기업에
다니는 사람은 1등급이고 그보다 작은 기업에 다니는 사람은 2등급입
니다. 대기업 회사원이 1등급이면 재벌가 자식들은 어떻게 되냐고요?
그들이야 당연히 1++ 등급이죠. 일종의 한국판 카스트입니다. 나머지

는 전부 3등급일 뿐이죠. 그래서 가게 주인에게 붙은 사장님이란 호칭이 그리 만족스럽지는 않지만, 충분히 그럴 만하다고 생각합니다.

작은 것은 무시하고 큰 것만 인정하는 사회에서 작은 것들은 자기들끼리 사장님 하고 부르며 살아갑니다. 그러나 사장님이란 말은 사장이 될 수 있는 사람과 그럴 수 없는 사람을 나눕니다. 구멍가게조차 꾸릴 수 없는, 더 가난한 사람들이 바로 그들입니다. 사장님이 될 수 없는 그들은 아무런 호칭도 없이 살아가죠. 호칭 없는 그들이 마땅한 호칭으로 불릴 수는 없을까요? 평등하게 모든 이의 이름 뒤에 '-님'이나 '-씨'를 붙이는 건 어떨까요? 그렇게 되면 둘 중 하나가 될 것입니다. 모두 다 높이면서 평등해지거나('-님') 모두 다 높이지 않으면서 평등해지거나('-씨'). 둘 다 나쁘지 않습니다. 다만 높낮이에 민감한 한국 사회에서는 '-씨'보다 '-님'이 더 적당할 듯하네요. 서로 '-님'으로 부르는 일이 불가능할 것 같지만, 불가능하지 않습니다. 실제로 CJ그룹은 10년 전부터 직급별 호칭을 버리고 '님 호칭 제도'를 도입해 유연한 조직문화를 선도하고 있습니다. 풀무원, 제일기획, 해태음료도 '님'으로 호칭을 단일화했습니다.

사실 '-씨'나 '-님'은 불리는 사람의 이름을 알아야 쓸 수 있습니다. 그러면 불리는 사람의 이름을 알지 못할 때는 어떻게 할까요? 어법을 건너뛰고 말한다면 그냥 '님'을 쓰면 어떨까요? 물론 우리 어법에서 '님'은 독립해서 쓰이지 못합니다. 자립해서 '임'으로 쓰면 사랑하는 사람이 됩니다. 사장님의 '-님'처럼 접사로 앞말에 붙여 쓰거나 '○○○ 님'처럼 의존명사로 이름 뒤에 쓸 수 있을 뿐이죠. 이때는 '씨'의 높임말로 볼 수 있습니다. 그러나 '님'만 단독으로 쓰는 경우가 아예 없는 건 아닙니다. 인터넷 공간에서 이런 흐름을 볼 수 있습니다('님께서……' 등). 다만 이런 경향이 인터넷 밖으로 넘어오지 않을 뿐이죠. '님'이 어법에 어긋나 싫다면 선생님으로 부르는 건 어떨까요? 국어사전에도 선생님이란 가르치는 사람 말고도 '성(姓)이나 직함에 붙여 남을 높이는 말' '남자 어른을 높여 부르는 말'을 뜻한다고 되어 있으니, 어법상 문제될 게 없을 겁니다. 선생님이건 그냥 '님'이건, 모두가 모두의 '님'이 되는 세상은 얼마나 아름다울까요.

이제까지 살펴본 호칭의 문제가 직함으로서의 호칭이었다면, 지금부터 살펴볼 호칭의 문제는 가족 내 성역할 호칭입니다(간단히 '친족화한 호칭'으로 부르겠습니다). "어머님, 이것 좀 들여가세요."는 마트 같은 데서 점원들이 쉽게 하는 말입니다. 여기서 어머님이라는 말은 그 말의 대상을 친족화하고 있습니다. 이런 호칭은 한국인에게 너무나 흔하고 익숙하죠. 형(형님), 오빠, 누나(누님), 언니, 동생, 이모, 삼촌, 아저씨, 아가씨, 아줌마(아주머니) 등등.* 마치 온 국민을 한 가족으로 만들고 말겠다는 듯이 이런 말들은 집요하게 사람들 뒤에 따라붙습니다.

이런 호칭은 가족처럼 친근한 사이가 되었다는 증표일까요? 좋게 해석하면, 친족화한 호칭은 친밀감을 나타내는 방법일 수 있습니다. 일종의 한국식 사교 규범인 셈이죠. 타인을 가족 내 성역할 호칭으로 부르면, 분명 더 친근한 느낌을 줄 수 있습니다. 혈연적으로 아무 관계도 아닌 사람을 오빠나 언니로 부르는 것도 그 때문이죠[언니라는 호칭은 상당히 특이합니다. 가족 안에서 언니는 여성 화자(話者)만 쓸 수 있습니다. 그런데 가족의 울타리를 벗어나면 언니의 화자는 여성도 되고 남성도 됩니다. 가령 남자 손님이 여자 점원에게 "언니, 좀 깎아 줘."라고 말하는 경우가 그렇습니다]. 오빠나 언니로 불렀는데 상대가 정색을 하면서 직함으로 불러 달라고 요구하면, 무안해진 화자는 상대에게서 거리감을 느끼기도 합니다.

친족화한 호칭은 더없는 처세술입니다. 가령 여성이 남성 동료에게 "오빠, 이거 좀 도와주세요."라고 말했다고 합시다. 그 남성은 팔 걷어붙이고 자기 일처럼 도와줄 것입니다. 남성에게 오빠라는 호칭은 그리스 신화에 나오는 사이렌의 노랫소리처럼 거부할 수 없는 힘을 지닙니다. 오빠라는 호칭이 남성에게 환기하는 정서는 보호 본능입니다. 호칭의 처세술은 연상에게는 잘 통하지만 연하에게는 조심해야 합니다. 친밀함이 쉽사리 불쾌감으로 미끄러질 수 있기 때문이죠. 말하는 사람이 친밀한 의도로 말했더라도 듣는 사람이 불쾌하게 받아들일 수 있습니다. 그래서 자기보다 나이 어린 사람에게 함부로 동생 운운하면 안 되죠. 형(오빠)과 동생, 누나(언니)와 동생의 관계는 연상의 화자가 일방적으로 결정하는 것이 아니라 연하의 청자, 곧 상대가 화자를 언니(누나)나 형(오빠)으로 인정할 때 성립됩니다.

친족화한 호칭으로 부르면 공적 관계가 사적 관계로 뒤바뀝니다. 물론 가족 내 성역할 호칭을 쓴다고 해서 사적 관계가 혈연적 관계가 되는 건 아닙니다. 다만 공적 관계에서 사적 관계로 넘어오면서 혈연적 위계도 고스란히 옮겨 옵니다. 이를테면 오빠라고 부르는 사람은 아랫사람의 자리를, 오빠라고 불리는 사람은 윗사람의 자리를 차지하죠. 이렇게 아랫사람과 윗사람의 자리가 정해지면 그에 따라 각자의 역할도 달라집니다. 아랫사람은 아랫사람에 맞는 애교와 복종을, 윗사람은 윗사람에 어울리는 권리와 책임을 지니는 것이죠. 당연하게도 이 같은 호칭은 인간관계에서 상호 수평적 존중을 방해합니다.

문제는 친족화한 호칭이 공적 관계를 사적 관계로 뒤바꿈으로써 관계 속에 내재한 위계를 은폐하고, 나아가 상호 존중을 심각하게 파괴한다는 점입니다. 선후배 사이에는 분명 상하의 위계가 존재합니다. 그런데 자매나 형제 관계의 호칭을 쓰면, 위계의 냄새가 휘발되는 착각을 불러일으키죠. 물론 실제로 위계질서가 사라지는 건 아닙니다. 관계 속에 깃든 위계질서는 자매와 형제 안의 서열처럼 지극히 자연스럽고 정당한 질서로 탈바꿈할 뿐이죠. 그 결과 자기보다 나이 어린 사람을 가족 구성원에게 하듯이 하대하거나 함부로 대해도 된다고 여깁니다. 물리적 폭력이건 정신적 폭력이건, 폭력은 대체로 반말을 하면서부터 시작됩니다. 반말과 친족화한 호칭은 서로 밀접하게 맞물려 있다고 하겠습니다.

또 다른 문제는 친족화한 호칭으로 부르면 개인들의 다양한 차이를 제대로 드러내지 못한다는 점입니다. 가령 할머니(할아버지)라는 호칭은 얼마나 건조한가요? 언제나 그런 건 아니겠지만, 그 호칭은 오직 모성(부성)만 지닌 존재를 떠오르게 합니다. 인생의 유일한 낙이라곤 손녀 손자의 재롱을 보는 것밖에 없는 그런 존재 말입니다. 그러나 모성(부성)만 지닌 존재란 얼마나 비현실적인가요? 그(녀)도 성욕을 느끼고 감정을 가진 인간입니다. 그(녀)도 엄연히 남성(여성)인 것이죠. 그러니 할머니(할아버지)가 아니라 여성(남성) 노인으로 불러야 마땅할 것입니다. 물론 이는 호칭이 아니라 지칭의 차원에서 그렇게 하자는 것이죠. '여성 노인아'라고 부를 수는 없을 테니까요.

예의는 아이가 어른에게, 학생이 선생에게, 후배가 선배에게, 부하가 상사에게, 요컨대 사회적 약자가 사회적 강자에게 지켜야 하는 규범인가요? 한국 사회에서 예의란 윗사람에 대한 예의일 뿐 인간에 대한 예의는 아닌 것 같습니다. 위로만 작동하는 예의는 복종의 다른 이름이지 진짜 예의가 아닙니다. 진정한 예의는 위로만 흐르지 않습니다. 진정한 예의는 위로도 작동하고 아래로도 작동하며 옆으로도 작동합니다. 그럴 때 예의는 비로소 인간적인 것이 되죠. 호칭도 마찬가지입니다. 친근감을 내세우며 복종을 강요하는 호칭, 위계질서를 숨기며 폭력을 부추기는 호칭은 제대로 된 호칭일 수 없습니다. 앞에서 제시한 '님'이나 '선생님'과 같은 수평적 호칭이 절실한 이유입니다.

"저 실례지만 올해 나이가?"라고 물으면서 나이를 확인하는 것은 위계를 설정하기 위해서죠. 나이를 알아야 말을 놓을지 말지, 호칭을 어떻게 쓸지 결정할 수 있습니다. 한국 사회에서 사람 사이의 위계와 관계는 나이, 숫자(학번이나 군번, 입사 연도 등)에 따라 자동적으로 결정됩니다. 그래서 처음 만나는 사람끼리 나이나 학번 등을 열심히 물어보고 알려 주는 겁니다. 사람들은 나이나 학번과 같은 숫자를 알지 못하면 인간관계를 한 발짝도 진전시키기 어렵다고 생각합니다. 정말 나이나 숫자를 모르면 인간관계는 한 발짝도 앞으로 나아가지 못할까요? 서열과 위계 안에서만 편안함을 느끼는 관계는 서글픕니다. 20살 청년과 70살 노인이 서로를 존중하는 모습은 얼마나 아름다운가요.

호칭/지칭 문제와 관련해서 고민해 볼 중요한 호칭/지칭이 하나 있습니다. 바로 '○○ 엄마'라는 호칭입니다. 여기서 '○○'은 자식을 가리킵니다(이후에서는 딱히 뭐라 읽을지 애매한 '○○' 대신 '누구'로 표기하겠습니다). 물론 '누구 아빠'라는 호칭도 있죠. 다만 많은 사람이 '누구 엄마'와 '누구 아빠' 중에 '누구 엄마'를 더 자주 사용합니다. 남성은 '누구 아빠' 대신에 그가 가진 직함이나 지위로 불립니다. 과거에는 '수원댁'이나 '여수댁'처럼 출신 지명이 여성의 이름을 대신하기도 했는데, 요즘에는 아이 이름이 여성의 이름을 대신하고 있습니다. 그런데 '누구 엄마'라는 호칭은 여성을 본인 개인보다 '누구의 엄마'로서 드러냅니다. '누구 엄마'에는 정작 본인은 없고 '누구'와 '엄마'만 있죠. 그런 점에서 아줌마는 익명의 존재입니다. 아줌마에게는 자기의 이름이 없습니다. 부모로서의 정체성은 그 사람을 이루는 수많은 정체성['누구의 부인(남편)' '누구의 딸(아들)' '누구의 동생(형, 누이)' '누구의 상사' 등] 중 하나일 뿐입니다. 부모로서의 정체성이 중요하다 해도 부모로서의 역할이 자기 정체성의 전부라거나 자기의 모든 것일 수는 없습니다. 아니, 모든 것이어서는 안 되죠. 자기 남편과 자녀를 통한 대리 만족에 목매는 이유도 누구의 엄마로만 살기 때문입니다. 그들은 자녀 교육에 자신의 모든 것을 다 바칩니다. 누구의 무엇이 아니라 자기의 자기로서 존재하는 게 우선입니다. 그게 건강한 삶의 모습입니다. 누구의 무엇은 그다음입니다.

한편, 대상의 친족화와 관련하여 주목할 문제는, 잘못을 저지르고 핑계로 내세우는 친족화입니다. 다시 말해 자신의 책임을 회피하기 위해 대상을 친족화하는 경우죠. '자식 같아서'나 '딸 같아서' 같은 표현들이 대표적입니다. 가령 나이 많은 사람이 자기보다 어린 사람에게 반말한다고 해보죠. 나이 어린 사람이 나이 많은 사람에게 "왜 함부로 반말하냐."라고 항의하면 "자식 같아서." 그랬다고 하는 식이랍니다. 이때 '자식 같은' 대상에 남성은 드물고 여성은 흔합니다. 나이 어린 남성에게는 쉽사리 하대하지 않으면서 나이 어린 여성에게만 함부로 하대하는 거죠. 더 가관인 경우는 "딸(손녀) 같아서."입니다. 나이 어린 여성을 성추행한 남성이 핑계랍시고 하는 말이 바로 "딸 같아서 그랬다." 혹은 "손녀 같아서 그랬다."입니다. 자기는 잘못한 게 전혀 없다는 투로 말이죠. 이 딱한 양반, 자기 딸한테도 그럴까요? 그렇다면 패륜아도 이런 패륜아가 없겠죠?

전쟁의 수사학
– 전쟁의 말들에 관한 박물지

혈투 펼치는 태극 전사. 월드컵에 출전한 선수들은 흔히 '태극 전사'라고 불립니다. 축구 경기장이 전쟁터라도 되는 걸까요? 피 흘리며 싸우는('혈투') 전사라니요? 물론 '혈투'나 '전사'는 비유적 표현입니다. 실제로 살을 찢고 피를 뿌리는 일은 벌어지지 않습니다. 축구가 '총성 없는 전쟁'에 비유되는 것처럼, 경기는 싸움에, 선수는 전사(戰士)에 비유되곤 합니다.

어디 축구만 그러한가요? 스포츠 자체가 '평화로운 전쟁'으로 불립니다. 스포츠 분야에서 전쟁의 수사(修辭)는 대단히 흔합니다. 올림픽 같은 세계 대회에서 선전(善戰, 이 말에도 전쟁의 흔적이 새겨져 있습니다)

한 선수단이 돌아오면, 한결같은 수식어가 대부분의 언론을 장식하죠. '한국 선수단 개선'이 그것입니다. 이때 '개선'은 금의환향(錦衣還鄉) 정도의 의미로 쓰이고 있습니다. 그런데 국어사전은 개선(凱旋)을 '싸움에서 이기고 돌아옴'으로 풀이합니다. 그렇다면 '선수단 개선'이라는 용례는, 비유적으로나마 운동경기를 싸움으로 전제한 것입니다.

이 글은 사소한 박물지에 불과합니다. '사소한 박물지'라 하는 이유는, 스포츠 분야에서 주로 사용되는 전쟁의 말들에 대한 소소한 기록이기 때문입니다. 한 편의 짧은 글로 수많은 말을 다 담을 수는 없겠죠. '칼을 갈다'(서재응, "칼을 갈며 때를 기다린다", 「OSEN 스포츠」 2005년 4월 3일자)와 같은 어구나 문장식 표현을 제외하고 단어 위주로 '전쟁의 말들'을 톺아 보겠습니다.

(1) 상대를 적(敵)으로 표현하는 말들: 상대 선수나 상대팀은 적수(敵手), 숙적(宿敵), 맞수(맞적수), 적군(敵軍)으로 표현됩니다. "셀틱, 맞수 레인저스에 2:0 완승".(「문화일보」 2011년 1월 3일자) 상대팀 감독은 자연스레 적장(敵將)이 됩니다. "적장을 알면 월드컵 16강 보인다".(「중앙일보」 2009년 12월 10일자) 따라서 적수나 적장이 있는 곳, 즉 상대팀의 홈구장은 적지(敵地)나 적진(敵陣)으로 불립니다.

(2) 운동선수를 병사나 군대로 표현하는 말들: 선수는 대개 전사

(戰士)로 비유되곤 합니다. 따라서 선수가 경기에 나가는 것은 출전(出戰), 출격(出擊), 진군(進軍)이 되죠. "박주영, '출격 명령만 기다리고 있다'".(「연합뉴스」 2006년 6월 21일자) "장미란, 세계 선수권 4연패 향해 진군 중".(「연합뉴스」 2009년 11월 4일자) 선수는 전사이므로 선수를 부리는 기술 역시 군사를 지휘하는 용병술(用兵術)이 됩니다. 비슷한 표현으로 병술(兵術), 전술(戰術), 전략(戰略), 전법(戰法) 등도 쓰입니다. 용병술에 뛰어난 감독은 명장(名將), 용장(勇將), 맹장(猛將)으로 불리고, 경기에서 진 감독은 패장(敗將)으로 불립니다. 만약 선수의 국적이 외국이라면 그 선수는 용병(傭兵: 고용된 병사)이 됩니다. 외국 선수는 용병으로 깎아내리지만, 자국 선수는 용병(勇兵: 용감한 병사)이나 용사(勇士)로 떠받들죠.

(3) 경기를 싸움이나 전쟁으로 표현하는 말들: 경기를 시작하는 것은 개전(開戰)입니다. 승부를 가리기 위해 경기를 벌인다는 뜻으로는 결전(決戰)을 씁니다. "허정무호, 오늘 코트디부아르와 결전".(〈YTN〉 2010년 3월 3일자) 좋은 경기를 벌이면 선전(善戰)한 것이고 경기가 잘 안 풀리면 고전(苦戰)한 것이죠. "독일, 월드컵서 고전할 것".(「한겨레」 2009년 12월 15일자) 경기력은 흔히 전력(戰力)으로 표현되고, 경기의 형세나 상황은 전세(戰勢)로 표현됩니다. 잇따른 경기의 양상은 전선(戰線)에 비유됩니다. "맨유가 우승 전선에 불씨를 재점화할 수 있기 때문이다".(「스포츠 조선」 2010년 4월 13일자) 먼 곳으로 경기를 치르러 갈 때는 원

정(遠征: 먼 곳으로 싸우러 나감)이 됩니다. "축구협, 월드컵 첫 원정 16강
'돈 보따리' 푼다".(「스포츠 조선」 2010년 3월 29일자) 당분간 경기를 벌이지
않을 때는 휴전(休戰)이라고 합니다. "임창용-이병규 '한 달간' 휴전".(《
조이뉴스 24〉 2008년 5월 19일자)

(4) 경기장을 전쟁터로 표현하는 말들: 경기가 치러지는 경기장이
나 국가는 전장(戰場), 싸움터, 전쟁터 등으로 비유됩니다. "'황금 발'들
게르만 전장으로".(「동아일보」 2005년 12월 6일자) 전장과 비슷한 표현으로
격전지(激戰地), 격전장(激戰場) 등도 있습니다. "태극전사, 월드컵 1차전
격전지 입성".(〈mbn〉 2010년 1월 14일자) 상대팀이 차지하는 경기장의 한
쪽 공간은 진영(陣營: 군대가 진을 치고 있는 곳)이 됩니다. "박지성이 상대
진영 왼쪽을 50m가량 돌파".(「국민일보」 2010년 2월 1일자)

그 외에도 스포츠를 전쟁(이나 전투 상황)에 빗댄 표현들은 끝없이 나
열할 수 있습니다. 킬러, 전운(戰雲), 격파(擊破), 대파(大破), 평정(平正),
투지(鬪志), 투혼(鬪魂), 대전(大戰), 대첩(大捷), 건투(健鬪), 결투(決鬪), 사
투(死鬪), 격투(激鬪), 분투(奮鬪), 분전(奮戰), 난전(亂戰), 열전(熱戰), 혼전
(混戰), 접전(接戰), 격전(激戰), 혈전(血戰), 패전(敗戰), 전패(戰敗), (정)조
준, (재)장전, 공격(력), 난투(극), 저격(수), 관전(평), 승전(보), 승전가, 화약
고, 폭발력, 신호탄, 도화선, 폭격(기), 전리품(戰利品), 출사표(出師表), 출
정식(出征式), 대리전(代理戰), 탐색전(探索戰), 전초전(前哨戰), 초반전(初盤

戰), 중반전(中盤戰), 종반전(終盤戰), 전반전(前半戰), 후반전(後半戰), 예선전(豫選戰), 결승전(決勝戰), 방어전(防禦戰), 육박전(肉薄戰), 각축전(角逐戰), 악전고투(惡戰苦鬪), 고군분투(孤軍奮鬪), 스나이퍼, 지원 사격, 대포알 슛……

이런 말들은 맥락에 따라 조금씩 다른 의미로 쓰이면서, 동시에 시대마다 다른 옷을 걸치기도 합니다. 가령 전사(戰士)나 투사(鬪士)라는 말만 해도 시대마다 다르게 변해 왔습니다. 일제강점기에는 민족 투사가 있었고, 산업화 시대에는 안으로는 산업 전사('수출 전선(戰線)에서 승리를!')가 있었고 밖으로는 반공(反共) 투사('무찌르자, 공산당!')가 있었죠. 최근에는 축구 잘하는 태극전사가 등장하기에 이르렀습니다. 전사나 투사 같은 말들은 대개 호전성을 환기시키고, 그 호전성은 대개 '대한 남아'나 '대한 건아' '태극 건아'처럼 남성성과 결합하곤 합니다. 아니나 다를까, 전사(戰士)나 전장(戰場) 등의 말들에서 남성은 연상되지만 여성은 연상되지 않습니다. 조국이나 전쟁 등은 어차피 남성의 발명품일 테니까요.

:: 전쟁의 말들이 환기하는 것

전쟁의 은유는 스포츠뿐만 아니라 정치나 경제 분야 등에도 다양하게 적용됩니다. 앞에서 살펴본 '선전'과 같은 말은 스포츠 말고도 다른 분야에서 두루 사용됩니다. 예를 들어 "우리 기업, 중국서 선전"

〈〈YTN〉 2009년 2월 8일자)처럼 경제 분야나 "명실상부한 한나라당 후보로 선전할 것"〈〈YTN〉 2009년 10월 14일자)처럼 정치 분야에서도 사용됩니다. 스포츠를 비롯해 여러 분야에서 수많은 경쟁과 다툼이 벌어집니다. 그 속에서 사람들은 경쟁 상대를 갖지만 글자 그대로의 적을 갖지는 않습니다. 고유한 의미의 적은 서로를 죽고 죽이는 그런 관계입니다. 상대가 죽어야만 내가 살고 내가 죽어야만 상대가 사는, 생사 모순의 그런 관계 말입니다. 실제로는 적이 아니지만 전쟁의 은유를 통해 다양한 활동들 속에 내재한 경쟁과 갈등, 위험이 불필요하게 강조되거나 확대됩니다. 이런 과정에서 상대는 상상의 적으로 부풀려지죠. 그렇게 가상의 적이 상정되고 그 적을 경유해 자기 집단의 정체성이 규정되고 우월성이 강조됩니다. 북한이라는 적을 통해 대한민국의 정체성과 우월성이 확인되는 것과 비슷합니다.

다른 분야보다 스포츠 분야에서 전쟁의 은유가 더 많이 활용되는 건 사실입니다. 여기에는 크게 두 가지 이유가 있습니다. 첫째는 스포츠가 기본적으로 대립과 경쟁의 속성을 지니기 때문이죠. 가령 응원이라는 이름 아래 거대한 두 집단이 맞서는 축구를 떠올려 봅시다. '국가 대항전'이라는 표현이 보여 주듯 월드컵과 같은 국제 행사는 거의 대리전쟁에 가깝습니다. 축구건 야구건 한일전이 벌어지면 전 국민이 하나 되어 응원하는 모습은 전혀 낯설지 않은 풍경입니다. 둘째는 스포츠와 전쟁이 둘 다 물리력에 기초하고 있기 때문입니다. 전략이나 정신력 같은 요소가 개입되긴 하지만, 스포츠는 본질적으로 육체의 힘과 기술을 겨룹니다. 이는 전쟁도 마찬가지죠. 작전이나 전략도 중요하지만, 실질적인 무력(武力)의 차이가 전쟁의 승패를 좌우합니다. 물리력에 기초한 '힘의 겨룸'이 스포츠와 전쟁의 이웃관계를 뒷받침합니다.

물론 스포츠와 전쟁은 엄연히 다릅니다. 스포츠는 평화적이고 전쟁은 폭력적입니다. 근본적으로 스포츠와 전쟁의 차이는 규칙의 존재 여부에 있습니다. 전쟁에서 지는 것은 곧 죽음입니다. 따라서 전쟁에서 규칙이란 존재하기 어렵습니다. 반면에 스포츠는 규칙과 심판을 거느립니다. 스포츠에서도 이기는 것은 무엇보다 중요하지만, 어디까지나 정해진 규칙 안에서 이겨야 합니다. 그래서 스포츠는 전쟁과 달리 실제로 상대를 해치거나 죽이지 않습니다. 스포츠를 전쟁처럼 '너 죽고 나 살기'로 이해한다면 스포츠는 최소한의 매너와 품위를 상실할 것이고, 전쟁을 스포츠처럼 흥분과 긴장의 게임으로 관람한다면 인간의 존엄과 가치를 망각할 것입니다. 이라크 전쟁 때 CNN 방송이 보여 주던 컴퓨터 게임 같은 이미지를 떠올려 봅시다. 어두운 화면 속으로 미사일 수십 발이 날아와 타격 지점을 정확하게 명중시킵니다. 그 화면에서 인간의 존엄과 가치는 찾을 수 없었습니다. 그러나 전쟁의 말들은 경기의 승패를 전장의 생사로 치환합니다. 경기에서 이기고 지느냐는 전쟁터에서 살고 죽느냐에 비견되는 것이죠.

스포츠와 전쟁이 드물지만 몸을 섞는 경우도 있습니다. 1998년 프랑스 월드컵에서 아르헨티나가 영국을 꺾고 8강에 오르자 아르헨티나 전체가 발칵 뒤집혔습니다. 한 TV 프로에서는 포클랜드 제도(Falkland Islands)가 아르헨티나의 영토라며 축구와 아무 상관없는 방송을 내보내기도 했습니다. 2002년 월드컵 때도 마찬가지였습니다. 영국과 아르헨티나의 경기가 벌어질 때마다 대다수의 한국 언론들은 포클랜드 전쟁을 지겹도록 상기시켰습니다. 포클랜드 전쟁은 1982년에 영국과 아르헨티나가 아르헨티나에서 약 500킬로미터 떨어진 작은 섬 포클랜드의 영유권을 둘러싸고 벌인 전쟁이죠. 포클랜드는 1833년 이후 실질적으로 영국령이었습니다. 그런데 아르헨티나가 1816년 에스파냐로부터 독립할 때 포클랜드의 영유권을 계승했다고 주장한 것이 전쟁의 발단이 되었습니다. 전쟁은 영국군이 승리하면서 종결됩니다. 이처럼 스포츠는 지나간 전쟁을 환기하는 역할을 하기도 하죠.

이보다 더 끔찍한 일도 있었습니다. 1969년 7월, 중앙아메리카의 엘살바도르와 온두라스 간에 '축구 전쟁'이 발발했습니다. 축구를 통한 대리전쟁이 아니라 축구로 인한 진짜 전쟁 말입니다. 분쟁의 근본 원인은 영토 확장을 둘러싼 국경 문제였습니다. 그러나 전쟁의 도화선은 엉뚱한 곳에서 점화되었습니다. 월드컵 북중미 최종 예선에서 경기를 응원하던 온두라스의 응원단이 엘살바도르의 응원단에게 흠씬 두들겨 맞았습니다. 구타 소식은 단숨에 온두라스 전역에 퍼졌고, 흥분한 온두라스 시민들은 엘살바도르 보복에 나섰습니다. 이후 양국이 국교를 단절하고 사흘간 전투를 벌인 결과 3천여 명의 소중한 생명이 목숨을 잃었습니다. 물론 스포츠 때문에 실제로 전쟁이 벌어지는 경우가 흔한 건 아닙니다.

스포츠와 전쟁이 맺고 있는 관계는 좀 더 은밀하고 복잡합니다. 월드컵에서 경기 시작 전에 울려 퍼지는 국가(國歌), 올림픽에서 금, 은, 동에게 주어지는 국기(國旗) 게양 등은 스포츠와 국가주의 사이의 은밀한 공모를 방증합니다. 물론 여기에는 선수가 국가를 대표한다는 알리바이가 심어져 있습니다. 스포츠가 기본적으로 갖는 경쟁적 성격, 거기에서 한 발 더 나아가 대립과 경쟁의 대상이 선수 개인(집단)에서 국가나 민족으로 옮겨 가면서 문제가 발생합니다. 한국인이 월드컵에 열광하는 이유도 축구 너머의 민족(또는 국가) 때문인지도 모릅니다. 국가 간의 스포츠 대결은 국민으로 하여금 자신과 선수를 동일시하게 함으로써 애국심을 북돋우는 효과를 낳습니다. 이는 국가 대표팀을 곧 국가로 등치시키는 믿음이 있기 때문에 가능한 겁니다. "혼자 드는 것이 아니다. 4천 800만이 함께 들어 올리고 있다." 2008년 역도 선수 장미란이 금메달을 따자 어떤 광고에 사용된 문구입니다. 여기에 담긴 의미는 '선수는 곧 국가다, 그러므로 경기의 승리는 곧바로 국가의 영광이 된다.'일 겁니다.

현대 사회에서 스포츠는 일종의 대리전쟁입니다. 그중에서도 축구는 대리전의 대표 격이라 하겠습니다. 독일과 네덜란드, 잉글랜드와 아르헨티나 등 전통적 라이벌 관계는 이를 잘 보여 줍니다. 경기가 뜨거워지고 경기에 빠져들수록 대리전쟁의 긴박감은 정점으로 치닫습니다. 긴박감은 감정이입의 좋은 재료가 됩니다. '우리와 선수는 하나다!' 함께 경기를 치른, 아니 함께 전쟁을 치른 이들의 집단의식은 강하게 결속됩니다. 이 같은 스포츠의 국민 통합 효과 때문에 많은 국가들, 특히 후진국이나 약소국이 국가적 차원에서 집중적으로 스포츠를 육성하기도 합니다. 그래서 후진국이나 약소국일수록 스포츠를 '국위 선양'의 도구로 이용하죠. 국가 대항전은 특히 정치적, 인종적, 종교적 갈등이 심화된 국가들 사이에서 대중을 국가에 충성하도록 만드는 중요한 민족적 프로젝트로 이용되곤 합니다.

스포츠가 스포츠로만 받아들여진다면 전쟁을 환기시키는 말들은 전혀 문제될 게 없습니다. 스포츠가 스포츠로만 이해되지 않고 다른 맥락으로 활용되기 때문에 문제가 되는 것이죠. 앞서 살펴본 것처럼 민족주의를 자극하거나, 심지어 정권을 홍보하고 지지도를 끌어올리는 데 이용됩니다. 가령 전두환 정권은 서울 올림픽을 활용해 부정적인 정치 상황으로부터 시민의 관심을 떼어 놓았습니다. 요즘의 상황도 크게 변하지 않았습니다. 가령 국위를 선양한 선수들이 청와대로 불려 와 기념 촬영하는 장면을 떠올려 보죠. 밴쿠버 동계 올림픽 선수단 청와대 초청(2010년 3월 3일), 남아공 월드컵 대표팀 청와대 초청(2010년 7월 6일), 20세 이하 여자 월드컵 대표팀 청와대 초청(2010년 8월 10일), 17세 이하 여자 월드컵 대표팀 청와대 초청(2010년 9월 29일), 광저우 아시안게임 선수단 대통령 격려 방문(2010년 11월 4일) 등. 최근 사례만 몇 가지 들어도 이 정도입니다.

스포츠에 스민 전쟁의 말들은 일상에 깊이 파고들어 다른 말로 대체한다는 게 사실상 힘듭니다. 바다처럼 거대하고 바람처럼 자유로운 언중(言衆)의 말을 통제의 그물로 가두기란 불가능합니다. 바다와 바람은 그물에 걸리지 않는 법! 스포츠 분야에서 전쟁의 말들을 일절 쓰지 말자고 주장하고 싶지는 않습니다. 다만 중요한 것은 그 말들을 통해 환기되는 갈등적 성격, 국가주의적 요소를 꿰뚫어 보는 것이죠. 스포츠를 활용해 민족주의, 더 나아가 국가주의를 자극하고 선동하는 시도를 경계하고 통제하면 됩니다. 망령의 실체를 꿰뚫고 있으면 망령에 미혹되지 않습니다. 정치에 스포츠를 활용하고 싶은 유혹에 시달리는 위정자들은 늘 있을 테니까 말이죠.

중심의 억압
- 서울 공화국 엿보기

'지방에서 서울로 올라옴.' 국어사전이 설명하는 상경(上京)의 뜻입니다. 사전 편찬자는 지금 어디에 있을까요? 그/그녀는 서울에 있습니다. 그 이유는 '올라옴'에 있죠. 사전은 '올라감'이 아니라 '올라옴'이라고 풀이했습니다. '오다'는 대상이 말하는 사람 쪽으로 움직일 때 쓰이죠. 말하는 사람의 위치와 상관없이 움직이는 경우에는 보통 '가다'가 쓰입니다. "집에 오니?"와 "집에 가니?"를 비교해 보면 차이를 쉽게 알 수 있습니다. "집에 오니?"라고 물을 때 말하는 사람은 집에 있고, "집에 가니?"라고 물을 때 말하는 사람은 집이 아닌 다른 곳에 있죠. 따라서 사전 편찬자는 서울에 있다고 볼 수 있습니다.

‘올라옴’의 ‘오르다’는 아래에서 위로 움직일 때 씁니다. ‘서울로 오르다’에서 ‘오르다’는 아마도 상경(上京)에서 ‘상’을 우리말로 옮긴 결과일 겁니다. ‘올라옴’만 놓고 보면 서울은 언제나 위쪽에 있습니다. 서울보다 북쪽에서 서울로 가는 것도 상경이고 서울보다 남쪽에서 서울로 가는 것도 상경이기 때문이죠. 동서남북 어디서나 마찬가지입니다. 서울은 늘 ‘올라가다’(‘올라오다’)를 서술어로 갖지만, 지방은 늘 ‘내려가다’(‘내려오다’)를 서술어로 취하는 이유입니다. 그래서 시골에 있는 고향이나 지방으로 내려가는 것은 하향(下鄕)이 됩니다. 비슷한 뜻으로 더 흔하게 쓰는 말이 귀향(歸鄕)입니다. 시골로 거처를 옮기거나 이사하는 것은 낙향(落鄕)으로도 불립니다. 하향의 ‘하(下)’나 낙향의 ‘낙(落)’은 공통적으로 ‘내려가다’ ‘떨어지다’의 뜻을 지니고 있습니다.

상경, 하향의 짝과 비슷한 것이 바로 상행, 하행의 짝입니다. 상행은 ‘지방에서 서울로 올라감. 또는 그런 교통수단’을 가리키고, 하행은 ‘서울에서 지방으로 내려감. 또는 그런 교통수단’을 가리킵니다. 여기에서 뻗어 나온 상행선은 ‘지방에서 서울로 올라가는 도로나 선로’를, 하행선은 ‘중앙에서 지방으로 내려가는 도로나 선로’를 의미합니다. 이 단어들은 일테면 ‘상행선 열차’나 ‘하행선 고속도로’처럼 씁니다. 상경이 지리적인 위치와 별 상관이 없듯이 상행과 하행도 지리적인 위치와 관련이 없습니다. 서울은 지리상 위쪽에 있는 것이 아니라 지위상 높은 쪽에 있습니다. 우리말에서 서울은 그지없이 높고 지방은 바닥없이 낮습니다. 한마디로 서울은 중심이고 지방은 변방이죠. 시골은 변방 중의 변방입니다.

우리말에서 상하(上下)는 기본적으로 위아래를 가리키지만, 거기에는 다른 뜻도 여럿 있습니다. 상하는 좋고 나쁨, 귀하고 천함, 윗사람과 아랫사람 등을 뜻하기도 합니다. 가령 상하는 '상하를 막론하고 누구나 자유롭게 의견을 펼쳤다.'와 같이 윗사람과 아랫사람의 의미로 쓰입니다. 여기서 상(上)에 해당하는 말들은 대체로 긍정적이고 하(下)에 해당하는 말들은 대체로 부정적입니다. 상경과 하향도 사정은 비슷합니다. 상경은 긍정적인 맥락에서 주로 쓰이지만, 하향이나 낙향은 부정적인 맥락에서 주로 쓰입니다. 하향이나 낙향이라는 말 자체에 이미 부정적인 울림이 배어 있습니다. 낙향, 이 말이 주는 울림은 얼마나 서글픈가요? 어쩌다 여행을 가면 모를까, 지방으로 직장을 옮기거나 이사를 가는 심정은 마치 유배를 떠나는 마음과 같습니다. 본디 시골을 좋아하는 사람도 있겠지만, 대부분의 사람은 그렇게 느낄 겁니다. 사람들의 머릿속에 지방은 낙후된 곳이라는 이미지가 뿌리 깊이 박혀 있기 때문입니다. 그래서 서울로 올라가는 일은 설레고 흥분되지만 시골로 내려가는 일은 서글프고 서럽습니다.

서울 사람에게 지방은 전부 시골이죠. 대한민국에서 두 번째로 큰 도시인 부산마저도 서울 사람에게는 지방 혹은 시골일 뿐입니다. 그

DEPARTMENT
SEOUL

러니 다른 광역시나 중소도시는 말할 필요조차 없습니다. 사전에 나온 뜻으로 구분하자면, 지방은 서울 이외의 지역을 전부 가리키고 시골은 도시에서 멀리 떨어진 지역을 가리킵니다. 시골은 주로 도시보다 인구수가 적고 인공적인 개발이 덜 돼 자연을 접하기 쉬운 곳입니다. 시골은 좋은 쪽으로 보면 전원주택이나 주말 농장 등의 전원 이미지를, 나쁜 쪽으로 보면 퇴락하고 낙후된 농촌의 이미지를 연상시킵니다. 물론 좋은 쪽보다는 나쁜 쪽 이미지가 훨씬 강하고 선명하죠. 아마도 이는 급속한 근대화 속에서 빠르게 진행된 이촌향도(離村向都) 탓이 클 겁니다. 농촌은 사람이 살지 않는 유령의 마을이 된 지 오래죠. 반대로 도시화는 급속도로 진행되었습니다. 도시화 비율은 1960년 28퍼센트에서 1980년 57.3퍼센트, 1995년 78.5퍼센트로 가파르게 증가했습니다.

시골내기나 시골뜨기라는 말은 오늘의 현실을 잘 보여 줍니다. 이 말들은 시골에서 나서 자란 사람을 낮잡아 이릅니다. 시골내기와 대비를 이루는 서울내기도 있습니다. 그런데 시골내기와 서울내기는 그 어감이 다릅니다. 시골내기는 낮잡아 이르는 말이지만 서울내기는 낮잡아 이르는 말이 아닙니다. 똑같이 '–내기'가 붙어 있는데도 하나만 낮추어 부르는 말로 쓰이는 것이죠. 시골 사람이 서울 사람을 놀림조로 이르는 말은 서울내기가 아니라 서울뜨기입니다. 시골이 촌(村)이 되면 폄하는 좀 더 노골적으로 드러납니다. 우리말에서 '촌(村)'이 들어 있는 '촌것'들은 죄다 좋지 않은 뜻을 담고 있습니다. 가령 '촌스럽다'는 어디까지나 세련되지 못하다는 표현입니다. 촌티, 촌구석, 촌사람, 촌뜨기 등도 마찬가지죠. 촌사람을 촌놈이나 촌년으로 부르면 욕이 되기 십상입니다. 그래서 지방 사람이 서울에 올라와 살게 되면 사투리를 버리고 서울말을 쓰려고 노력합니다. 촌티를 벗기 위한 안간힘입니다.

속칭 스카이(SKY)는 서울대, 연세대, 고려대의 앞 글자를 따서 만든 말입니다. 스카이를 벗어나면 '인(in) 서울'이라는 말이 통용되죠. 그 말은 서울에 있는 4년제 대학을 가리킵니다. '스카이'와 '인 서울'을 지나면 어감도 이상한 '지잡대'가 있습니다. 지잡대는 지방의 잡다한 대학을 의미한다고 합니다. 서울 소재 대학과 지방 대학의 격차는 아주 큽니다. 대학의 교육 여건뿐만 아니라 대학을 바라보는 인식도 그렇습니다. 사람들은 대체로 서울 소재 대학을 다니는 학생은 ○○대생이라고 말하지만, 비수도권 지역의 대학을 다니는 학생은 지방대생으로 싸잡아 부릅니다. 일반인의 언어는 물론 신문이나 방송의 언어도 마찬가지죠.

서울과 지방의 격차는 대학에만 국한되지 않습니다. 수도권과 지방은 거의 반반씩 인구를 나누어 갖습니다. 경기도를 포함한 수도권에 2천만 명이 살고 서울에만 1천만 명이 삽니다. 그런데 경제력의 90퍼센트 이상이 수도권에 몰려 있습니다. 서울(수도권)과 지방의 면적 비율은 1:9이지만, 반대로 경제력 비율은 9:1입니다. 제조업체의 55퍼센트, 대기업 본사의 95퍼센트, 정부 및 공공기관의 82퍼센트가 서울에 몰려 있습니다. 그러나 이것만으로는 지방 주민들이 일상에서 체감하는 중앙 집중화를 설명하기에는 부족합니다. 지방에도 엄연히 공장이 있고 공공기관이 있기 때문입니다. 지방에도 땅과 건물, 사람이 있지만 중요한 결정은 모두 서울에서 결정된다는 것이 더 중요합니다. 이른바 '상경 투쟁'이라는 이름 아래 사람들이 서울로 몰려와 시위를 벌이는 이유도 여기에 있습니다.

이 나라에서 크고 좋은 것들은 모두 서울에 모여 있다고 보면 됩니다. 서울이라는 블랙홀은 왕성한 식욕으로 대한민국의 인력과 자원, 에너지를 모조리 빨아들이죠. 교육뿐만 아니라 정치, 행정, 문화, 언론, 의료 등 거의 모든 분야가 서울과 지방으로 양분되어 서울 쪽에 편중되어 있습니다. 사람들이 '서울로, 서울로!'를 외치는 이유일 겁니다. 원자력 발전소나 방사능 폐기물 처리장 같은 시설을 제외하면 대부분이 그러하죠. 이것이 '서울 // 한국'이라는 이 땅의 현주소입니다. 거기에는 빛과 그림자가 동시에 있습니다. 서울이 집중의 효율성을 통해 고도성장을 견인해 온 것은 누구도 부정할 수 없는 빛이죠. 다만 성장의 빛은 짙은 그림자를 드리우고 있습니다. 서울과 지방의 극심한 격차, 즉 불균형 발전은 심각한 수준입니다. 지방에 대한 편견과 차별도 거기에서 비롯합니다.

대한민국은 누구도 부정할 수 없는 '서울 공화국'입니다. 그 말은 결코 과장이 아니죠. 언론에서 지방을 소개할 때는 일반적으로 도시나 구의 이름을 앞에 밝히지만, 서울의 경우에는 관행적으로 서울이라는 지역적 규정을 생략합니다. 일테면 서초구나 퇴계로, 예술의 전당처럼 개별 지명을 바로 쓰는 것이죠. 서울 사람에게는 익숙한 지명이 지방 사람에게는 낯설 수 있다는 사실을 간과한 탓입니다. 전화번호도 마찬가지죠. 가령 730-5800, 이 전화번호는 어디에 속할까요? 전화번호 앞에 지역 번호가 붙어 있지 않은 것은 대부분 서울입니다. 서울에도 엄연히 '02'라는 지역 번호가 있지만 별도로 표시하지 않는 경우가 흔하죠. 서울에만 '02'라는 두 자리 수의 지역 번호를 부여하는 것도 어찌 보면 차별입니다.

당연히 지방 사람들은 소외의 의식과 무의식을 공유할 수밖에 없습니다. 한마디로 지방 사람들은 서울 콤플렉스에 깊이 빠져 있습니다. 그건 대도시건 중소도시건 작은 촌마을이건 산간벽촌이건 모두 마찬가지입니다. 반대로 지방에 대한 서울 사람들의 편견과 우월감은 더욱 강화됩니다. '지방지'* '지방대

* 지방지(지방신문)와 대비되는 말은 왜 서울 신문이나 수도권 신문이 아니라 중앙지일까요? 신문의 경우에는 엄연히 전국지(전국의 독자를 대상으로 발행하는 신문)라는 말이 있는데도 주로 중앙지라는 말만 씀입니다. 여기에도 중앙과 변방의 이분법이 도사리고 있는 건 아닐까요?

(생)' '지방 공무원' 등의 명칭에는 지방에 대한 비하의 울림이 담겨 있습니다. 중앙지, 서울 소재 대학, 중앙 공무원 등과 비교해 보면 그 차이를 알 수 있죠. 이 말들에는 서울의 우월감이 배어 있습니다.

서울 대 지방의 이분법적 구도에는 '서울 지방 법원'이라는 용어가 보여 주는 상식, 즉 서울도 하나의 지방(지역)일 뿐이라는 상식이 배제되어 있습니다. 대신 중앙 대 변방이라는 고정관념이 뿌리 깊이 박혀 있습니다. 그러나 지리적 관점에서 보면 부산 경남이 영남 지역이고 광주 전남이 호남 지역인 것처럼 서울 경기도 중부 지역일 뿐입니다. 어떤 학자는 지방은 식민지라고 항변합니다. 그의 말처럼 서울 중심주의는 지방을 식민지로 만듭니다. 서울 중심주의는 서울 대 지방을 적대적 구도로 몰고 감으로써 사회적 통합을 가로막습니다. 이제 중앙과 변방의 이분법에서 벗어나야 합니다. 중앙을 넓혀 모두가 중앙이 되어야 합니다. 아니, 중앙이 가진 모순을 변방에서 반복하면 안 되므로 그 반대로 가야 합니다. 변방의 변방을 넓혀 모두가 변방이 되는 것이죠. 모두가 변방일 때 중앙의 모순은 사라질 수 있습니다.*

＊ 실제로 지방 안에서도 차이와 차별이 존재합니다. 서울과 지방 사이의 격차도 크지만 지방 사이의 격차도 만만치 않습니다. 수도권 집중 현상은 지방에서도 그대로 재현됩니다. 영남에서는 부산과 대구가, 호남에서는 광주가, 충청에서는 대전이 주변 지역을 먹어 삼킵니다. 중앙의 모순이 변방 안에서 재현되는 것이죠.

국제 컨설팅 업체 머서(Mercer)가 각국 도시의 정치, 경제, 문화, 교육, 의료, 공공서비스 등을 평가해 '삶의 질' 순위를 매겼습니다. 서울은 세계 221개의 도시 가운데 81위에 머물렀습니다. 경제 규모가 세계 14위인 대한민국의 수도 치고는 초라한 성적이 아닐 수 없습니다. 그만큼 서울의 삶은 건조하고 팍팍합니다. 인간답게 살기에 서울의 여건은 여러모로 열악합니다. 서울 사람들의 마음 한구석에 서울을 떠나고 싶은 욕구가 상존하는 이유입니다. 서울을 꿈꾸는 사람도 많지만, 동시에 서울을 떠나고 싶은 사람도 많습니다. 많은 사람들이 취업이나 학업 등을 이유로 서울에 올라와 살지만, 또한 많은 사람들이 정신없고 복잡한 서울을 떠나고 싶어 합니다. 이제 서울 중심주의를 돌아봐야 할 때입니다. 서울은 대한민국의 수도이지만, 서울이 곧 대한민국은 아닙니다.

우리 안의 집단주의
- 자기소개를 통해 들여다본 집단주의

자기소개서를 쓰는 일은 난감합니다. 자기 자신에 대해 별로 고민해 본 적 없는 사람에게는 더욱 그렇습니다. 입사나 입학 담당자가 자기소개서를 읽는 일도, 쓰는 일보다는 덜하겠으나, 난감하기는 마찬가지입니다. 자기소개서의 내용들이 천편일률적이기 때문이죠. 글로 쓰는 자기소개서의 형편이 이러한데 말로 하는 자기소개라고 다를까요? "저는 ○○에 살고 ○○학교 ○학년 ○반에 재학 중인 ○○○입니다. 저희 가족은……." 자기소개에 관한 한 초등학생이건 중고등학생이건 별반 다르지 않습니다. 어른들도 마찬가지죠.

같은 취미를 가진 동호회 모임의 자기소개 자리에서 누군가 자신의 직업과 경력을 줄줄이 늘어놓는다면 대부분은 마뜩잖은 반응을 보일 게 뻔합니다. 그런 자리에서는 자신의 취미에 관해서 말하는 게 자연스럽죠. 이처럼 자기소개란 어디에서 누구에게 하느냐에 따라 달라집니다. 그런데 국어사전은 '처음 만난 사람에게 자기의 이름, 경력, 직업 따위를 말하여 알림'이라고 자기소개를 풀이합니다. 많은 한국인이 자기를 소개하는 방식도 이와 비슷합니다. 이름은 그렇다 쳐도 경력이나 직업을 늘어놓는 것은 앞의 사례처럼 다소 생뚱맞은 느낌이 듭니다. 사전의 풀이는 그 앞에 '사업상'을 집어넣으면 자연스러워질 겁니다. 사업상 만난 사람이 아니라면 그런 걸 제 입으로 늘어놓을 필요는 없을 테니까요.

자기를 소개할 때 꼭 빠지지 않는 것들이 있습니다. 학생들에게는 학교나 학년이, 성인들에게는 신분(소속)이나 직업(직장)이 그렇습니다. 남녀노소를 불문하고 출생지, 거주지, 출신 학교, 직장, 가족 등은 자기소개에서 빠지지 않는 단골 메뉴죠. 거기에 빠지지 않는 또 하나가 나이죠. 사람들은 실례인 줄 알면서도 처음 만나는 사람의 나이를 먼저 확인합니다('저 실례지만, 올해 나이가?'). "몇 살이니?"는 한국 사회에서 어른이 아이에게 처음 하는 질문입니다. 우리와 달리 서양인들은 "이름이 뭐니?" 하고 묻죠. 대학을 나온 사람들은 직접적으로 나이를 묻는 것이 겸연쩍은지 대학 입학 연도를 가리키는 학번을 묻습니다(사실 한국처럼 학력과 학벌을 중시하는 사회에서 대학물을 먹지 않은 사람에게 "몇 학번이죠?”라는 질문은 실례를 넘어 언어폭력에 가깝습니다). 사람들은 언제나 상대방의 나이와 소속을 가장 궁금해합니다.

신문이나 방송 등에서 사람을 소개할 때도 ‘김 모 씨(나이·자영업)’나 ‘대학생 이○○’ ‘회사원 박○○’ 식으로 합니다. 전업주부인 경우에도 ‘주부 최○○’라고 표기합니다. 예를 들어 대학 등록금을 다룬 기사에서 대학생과 일반인의 생각이 다를 때 그 둘을 구별하려고 그런 식으로 표기하는 것은 상관없습니다. 다만 사람의 이름만 말해도 되는 상황에서, 직업이나 나이 등을 굳이 이름과 나란히 두는 것은 이상합니다. 한국 사회에서 어디에 소속되어 있느냐는 그만큼 중요한 문제입니다. 백수가 욕이 되는 것도 그런 맥락이죠. 백수를 낮잡아 이르는 말인 놈팡이(놈팽이)도 마찬가지입니다. 백수의 부정적 어감에는 기본적으로 ‘노는 인간’에 대한 반감이 깃들어 있지만, 또한 거기에는 어디에도 소속되어 있지 않은 것에 대한 불안감이 배어 있습니다. 아무 데도 소속되지 않은 사람은 어딘가 불안해 보인다는 거죠.

‘저는 ○○에 살고 ○○학교 ○학년 ○반에 재학 중인 ○○○입니다. 저희 가족은……’으로 시작하는 자기소개는 자기를 소개하지 않고 자기를 둘러싼 환경만을 소개합니다. 그러므로 그것은 반쪽짜리 자기소개에 지나지 않습니다. 거기에는 정작 소개할 자기는 없고 자기가 속한 집단만 있을 뿐입니다. 사는 곳과 학교, 가족 등은 내가 아니고 나

와 관련된 환경과 집단에 불과합니다. 그런 것들이 소개하는 사람과 전적으로 무관한 건 아니겠지만, 그 사람을 이루는 본질적인 부분이라고 말하기는 어렵겠죠. 한 사람을 이루는 진짜 본질적인 부분은 성격, 특징, 가치관, 관심거리 등이 아닐까요?

자기소개의 내용이 뻔한 이유는 뭘까요? 한국 사회에 만연한 다양한 연고주의 탓입니다. 한국 사회에서 사람 사이의 관계는 많은 부분 혈연(血緣), 지연(地緣), 학연(學緣)에 의존합니다. 종친회, 향우회, 동창회 등 전통적인 사회 관계망이 복잡하게 퍼져 있는 이유도 여기에 있습니다. 이 같은 연고 중심의 모임에 가입된 비율은 89.2퍼센트 정도에 이릅니다(동창회 50.4퍼센트, 종친회 22.0퍼센트, 향우회 16.8퍼센트). 연말이면 이어지는 송년회도 대개 연고(緣故) 중심의 모임입니다. 인간관계를 맺으면서 연고를 중시하고, 구직이나 사업을 할 때도 연고를 활용하며, 심지어 결혼을 하는 데도 연고를 따집니다(결혼의 경우, 동성동본이면 안 된다거나 특정 지역 출신이면 안 된다는 생각이 그러한 사례입니다). 따라서 많은 한국인에게 성본(姓本)과 출신 지역, 출신 대학은 매우 중요한 관심사입니다. 출신 지역이나 학교 등이 그 사람이 누구인지 말해 주는 사회에서, 나이와 직장 등은 상대를 파악하는 데 있어 꼭 필요한 정보가 됩니다.

지연, 혈연, 학연, 직장 등은 모두 넓게 보아 개인이 속한 집단과 관련됩니다. 집단이 중요하게 여겨지는 사회에서 개인은 자기가 속한 집단을 중심으로 자기를 드러내려 합니다. 이를 흔히 집단주의라고 하죠. 개인보다 집단을 우선시하는 심성과 태도입니다. 집단주의는 두 가지 특징을 지닙니다. 첫째, 집단주의는 개인보다 집단을 더 앞세웁니다. 개인의 이익이나 가치보다 집단의 이익이나 가치를 더 내세우죠. 그래서 집단의 이름 아래 개인의 자유와 권리를 침해하고, 집단을 위해 개인의 희생을 강요합니다('나보다 남을 먼저 생각하는 사람이 되자'). 둘째, 집단주의는 개인을 집단으로 환원해 이해합니다. 집단의 가치가 곧 개인의 가치로 동일시되는 겁니다. 당연히 한 개인의 개성이나 능력보다 그 개인이 속한 집단의 특성이나 능력이 더 중시되곤 합니다. 어떤 집단에 속해 있는지가 그 사람을 말해 준다고 믿어 버리죠.

개인들 앞에 집단은 다양한 이름으로 서 있습니다. 가족(가문)의 이름으로, 혹은 학교, 회사, 조직, 모임, 마을, 군대, 민족, 국가(조국)의 이름으로 개인들 앞에 우뚝 서 있죠. 그 집단들은 견고한 집단과 느슨한 집단으로 갈라집니다. 그 둘의 차이는 간단합니다. 자기 마음대로 바꿀 수 없으면 견고한 집단이고, 바꿀 수 있으면 느슨한 집단입니다. 가족이나 출생지, 군대, 민족 등은 선택 불가능한 견고한 집단에 속합니다(여기서의 가족은 혈연관계에 기반을 둔 가족입니다. 결혼이나 이혼 등은 제외합니다). 일테면 부모 형제는 바꾸고 싶어도 그렇게 할 수 없죠. 반면 선택이 가능한 집단들도 있습니다. 마을(거주지)이나 학교, 회사, 국가(국적) 등이 그렇죠. 물론 여기에서 선택의 쉽고 어려움이라는 차이는 있습니다. 사는 곳이야 이사 가면 언제든지 바꿀 수 있지만, 국가는 집을 옮기듯이 그렇게 쉽게 바꿀 수 없죠. 출신 대학도 선택이 가능하지만, 한번 선택하면 대개 평생을 따라다닙니다.

집단주의가 강하게 작동하는 사회에서 개인들은 집단 속에서 자기 존재의 의미를 찾습니다. 그들은 각자의 얼굴을 지우고 집단의 탈을 씁니다. 그리고는 탈과 그 속의 맨얼굴을 같다고 생각하죠. 개인과 집단을 동일시하는 겁니다. 이제 집단의 가치는 개인의 가치가 되고, 집단의 정체성은 개인의 정체성이 됩니다. 착각은 바로 거기에서 시작됩니다. "당신이 사는 곳이 당신을 말해줍니다."라는 아파트 광고 문구처럼 내가 속한 집단이 나를 말해 줄 거라는 착각 말입니다. 그 광고는 물질주의와 집단주의를 교묘하게 버무려 놓습니다. 내가 사는 곳이 과연 나를 말해 줄까요? 내가 사는 곳이 나에 관해 말해 주는 것은 극히 일부에 지나지 않습니다. 마찬가지로 내가 속한 집단은 나에 관해서 일부만을 말해 줍니다. 내가 쓴 탈은 내 얼굴이 아닙니다. 서울대 출신이면 무조건 능력이 있다? 논리학에서는 이 같은 사고를 '분해의 오류'라고 합니다. 한마디로 전체의 속성을 부분에 관해서도 참이라고 주장하면 안 된다는 거죠. 서울대가 이른바 일류대라고 해서 서울대 출신이 모두 일류는 아니죠. 대학은 어떤 사람을 이루는 수많은 것들 가운데 하나일 뿐 그 사람과 동일하지 않습니다.

당연히 집단주의 문화 속에서 개인은 자신의 개성을 꽃피우기 어렵습니다. 자신이 속한 집단이 중요한 사회에서 자신을 개발하고 차별화할 필요를 느낄 사람은 없거나 드물기 때문이죠. 결국 자기의 개성을 발견해 개발할 기회를 갖지 못하는 겁니다. 당연한 결과로서 자신의 장단점은 무엇인지, 자신이 어떤 사람인지 모르게 됩니다. 많은 한국인이 자기소개서 한 장 변변히 쓰지 못하는 까닭도 여기에 있습니다. 자기를 제대로 알아야, 소개할 자기가 마땅히 있어야 자기소개서를 쓸 것 아닌가요? 당연하게도, 알지 못하면 말하지 못하는 법입니다. 자기의 개성을 제대로 돌보거나 돌아보지 못한 탓에, 기껏 소개하는 내용은 구구절절 뻔한 내용을 벗어나기 어렵습니다.

혈연, 지연, 학연 등의 연고주의, 나아가 집단주의가 팽배한 사회에서 개인은 집단의 부속품으로 전락하기 쉽습니다. 집단의 이름 아래 개인의 가치와 자유, 권리 등이 함부로 짓밟히는 것이죠. 개인주의는 이기주의로 매도되고, 집단주의에 도전하는 개인은 모나고 유별난 사람으로 낙인찍힙니다('똘아이'). 한국 사회는 사회 성원의 기본 덕목으로 사회성을 강조하면서, 사회성이 약한 사람을 문제 있는 인간으로 몰아세웁니다. 사실 그때의 사회성이란 조직에 순응하고 상명하복의 질서에 복종하는 덕성에 불과하죠. 즉 자율적 개인의 사회성이라기보다 타율적 개인의 사회성에 가깝습니다. 일테면 두말 않고 회식에 참석하는 게 사회성입니다('단체 생활에서 개인행동은 절대 금물!'). 그 사회성은 한 개인의 가치, 언어, 자유를 희생하고서야 얻을 수 있습니다. 따라서 개성적이고 주체적인 개인은 그런 사회성 안에 설 자리가 없습니다. 한국 사회에 집단의 구성원만 있고 다양한 입장과 개성적 취향을 가진 개인이 적은 까닭입니다. 이 땅에서 개성 있는 자들의 처지는 좁고도 불안합니다.

사회는 속삭입니다. 중요한 것은 힘 있는 집단에 소속되는 것이고, 가능한 한 많은 집단에 소속되는 것이라고. 그것이 능력이고 경쟁력이라고요. 한국인들이 많은 사람들과 겹치는 영역을 어떻게 해서든 늘리려는 이유입니다. 우리는 그 영역을 흔히 인맥이라 부르죠. 한국 사회에서 인맥은 사회생활의 기본입니다. 서울대에 가려는 이유 중에 하나가 인맥 쌓기일 정도입니다. 높은 자리에서 자기들끼리 끌어 주고 밀어주는 것은 공공연한 비밀입니다. 같은 학교끼리, 같은 고향끼리('우리가 남이가?')를 강조하면 정실(情實) 인사(人事)와 같은 문제가 발생합니다.* 이처럼 집단에 기초한 공모(共謀: 두 사람 이상이 어떤 불법적인 행위를 하기로 합의하는 일)가 만연한 사회는 투명성이 떨어지기 마련이죠. 원칙은 사라지고 정실만 남기 때문입니다. 합리성이나 공정성보다 끼리끼리 문화를 앞세우는 현실은 암울합니다.

> * 정실 인사란 사사로운 정이나 관계에 이끌리는 인사랍니다.

집단주의가 강하면 오히려 사회 질서가 흔들릴 수 있습니다. 집단주의가 강고하면 개인의 자율성은 줄어듭니다. 자율성이 줄어든 만큼 질서가 지켜질 것 같지만, 현실은 그렇지 않습니다. 집단주의가 강고한 사회일수록 집단의 질서는 합의의 산물이 아닐 가능성이 크기 때문입니다. 개인들이 자율적으로 합의해서 도출한 질서가 아니라 집단(의 소수)이 강제적으로 부과한 질서라면, 개인들이 질서를 존중하기란 어렵습니다. 이처럼 질서가 합의의 산물이 아닐 때 사회는 무질서의 해일로 넘실거립니다. 감시와 통제 아래서는 질서를 지키는 척하지만, 감시와 통제가 사라지면 무질서가 질서를 밀어내는 것이죠. 어둠이 깔리면 운전자들은 신호를 위반하고, 시험 시간에 선생님이 자리를 비우면 학생들은 부정행위를 시작합니다. 한국 사회의 공중도덕이나 공공질서 부재는 이렇게 설명됩니다.

더 나아가 자기와 아무 연고가 없는 타인에 대한 불신과 냉대가 이어집니다. '우리'라는 울타리 안으로 들어오지 못한 이들을 배척하고 차별하죠. 다른 집단에 대한 배타성! 그때 어떤 집단이 강조되느냐에 따라 각기 다른 문제가 발생합니다. 그 집단의 이름이 민족일 때는 혼혈인 차별이, 대학일 때는 학벌주의가, 경상도일 때는 전라도 차별이 발생하죠('전라도 놈은 다 빨갱이다').* 이렇게 서로 다른 빛깔의 이들이 '우리'라는 울타리 밖으로 쫓겨납니다. 여성, 장애인, 이주 노동자, 성적 소수자, 비정규직 노동자, 양심적 병역 거부자 등 한국 사회에 존재하는 다양한 소수자와 사회적 약자들은 모두 그 울타리 너머로 추방된 자들입니다. 집단은 그렇게 추방된 이들을 제외한 채 하나의 동질성을 이룹니다('우리는 하나다').

가장 강력하고 집요한 집단은 단연 국가입니다. 국가는 국익(國益)의 이름으로 개인의 희생을 요구하죠['개인의 이익보다 전체(국가)의 이익을 우선시하자']. 그 이름 아래 마치 4,900만의 이익이 하나로 수렴되는 듯합니다. 그러나 그것은 어디까지나 환상에 지나지 않습니다. 국익은 과연 서로 충돌하는 사회적 관계들 속에서 이끌어 낸 최대 공약수일까요? 현실에서는 노동자와 대기업의 이익이 충돌하고 재래시장과 대형 마트의 이익이 모순되며 농민과 수출업자의 이익이 상충합니다. 이런 상황에서 국익은 시민 전체의 이익을 집약할 수 없습니다. 그것은 '언제나' 대기업의 이익이고 대형 마트의 이익이며 수출업자의 이익일 뿐입니다. 백보 양보해도, '언제나'를 대신할 말은 '대체로'밖에 없습니다.

국익은 모든 사람의 이익이 아니라 어떤 사람의 이익입니다. 국익의 이름 아래 이익을 보는 건 소수이고 손해를 보는 건 다수입니다. 소수의 이익은 다수의 희생을 먹고 자랍니다.** 그런데도 다수와 사회적 약자가 공정한 이익을 얘기하면 집단 이기주의로 매도당하고 맙니다. 그들은 손해를 보면서도 비난만 당합니다. 이러한 모순을 깨는 길은 집단주의와 국가주의의 환상에서 벗어나는 것뿐입니다.

국민에서 시민으로

       제가 어렸을 때 세상은 하루에 한 번씩 멈춰 섰습니다. 어스름이 깔릴 무렵, 아파트 놀이터에서 놀다가 국기 하강을 알리는 애국가가 울려 퍼지면 아이들은 일제히 놀이를 멈춰야 했죠. 놀던 아이들은 놀이를 멈추고 길 가던 행인들은 걸음을 멈췄습니다. 그때 애국가에 실려 오던 거룩한 문장. '나는 자랑스런 태극기 앞에 조국과 민족의 무궁한 영광을 위하여 몸과 마음을 바쳐 충성을 다할 것을 굳게 다짐합니다.'

    1972년부터 사용되던 국기에 대한 맹세는 한 세대를 통과하고 2007년 다음과 같이 바뀝니다. '나는 자랑스러운 태극기 앞에 자유롭고 정의로운 대한민국의 무궁한 영광을 위하여 충성을 다할 것을 굳게 다짐합니다.' '몸과 마음을 바쳐'가 지나치게 무겁게 느껴졌던지 바뀐 맹세에서는 사라졌습니다.

"국기에 대한 맹세는 파시즘의 잔재다."라고 발언한 어떤 정치인은 보수 언론으로부터 몰매를 맞았습니다. 과연 국기에 대한 맹세는 파시즘의 잔재일까요? 국기에 대한 맹세가 '우리는 황국의 신민입니다. 충성으로 군국에 보답한다.'로 시작하는, 일제 강점기 조선인들이 무조건 외워야 했던 황국 신민 서사(맹세)를 닮긴 했습니다. 그 이후에는 이승만 정부가 제정한 '우리의 맹세'가 있었습니다. '첫째, 우리는 대한민국의 아들딸, 죽음으로써 나라를 지킨다. 둘째, 우리는 강철같이 단결하여 공산 침략자를 쳐부수자. 셋째, 우리는 백두산 영봉에 태극기 휘날리고 남북통일을 완수하자.' 황국 신민 서사와 '우리의 맹세'에는 공통적으로 국가만 있고 개인은 없었습니다. '충성으로 국가에 보답하자'(황국 신민 서사)와 '죽음으로써 나라를 지키자'(우리의 맹세)를 합치면 '몸과 마음을 바쳐 충성을 다하자'(국기에 대한 맹세)가 되죠. 박정희 정권은 국기에 대한 맹세와 함께 국민 교육 헌장을 반포합니다. '우리는 민족중흥의 역사적 사명을 띠고 이 땅에 태어났다. 나라의 융성이 나의 발전의 근본임을 깨달아, 자유와 권리에 따르는 책임과 의무를 다하며, 스스로 국가 건설에 참여하고 봉사하는 국민정신을 드높인다.' 국민교육헌장에 따르면 대한민국에 태어난 사람의 존재 이유는 오직 민족중흥에 있습니다.

미국에서도 국기를 향해 충성 맹세(The Pledge of Allegiance)를 합니다. 미국을 제외한 다른 나라에서는 이런 맹세를 거의 찾아보기 어렵습니다. '나는 모든 이에게 자유롭고 정의로우며, 하나님의 보호 아래 나누어질 수 없는 하나의 나라인 미국의 국기와 그 국기가 상징하는 국가에 충성을 맹세합니다.' [참고로 바뀐 국기에 대한 맹세('자유롭고 정의로운 대한민국')에서 미국의 충성 맹세('자유롭고 정의로운 나라') 흔적이 보이죠.] 자유주의 국가인 미국에서 국기에 대한 충성 맹세를 하는 것은 다민족국가의 특수성을 어느 정도 반영하고 있을 겁니다. 다만 미국 대법원은 1943년 판례에서 국기에 대한 충성 맹세를 강요해서는 안 된다고 판시했습니다. 엄연히 국기에 대한 충성 맹세가 존재하지만, 개인의 자유를 억누르면서 강요하지 않는 것이죠. 그러나 우리의 현실은 어떤가요? 국기에 대한 경례를 거부해서 고등학교 입학을 거부당한 학생(2003년 박준규 씨), 국기에 대한 경례를 하지 않아 징계를 받은 교사(2006년 이용석 씨) 등은 한국 사회의 경직된 분위기를 잘 보여 줍니다. 이런 점에서 국기에 대한 맹세가 파시즘의 잔재라고 의심받는 겁니다. 대한민국은 '몸과 마음을 바쳐 충성을 다할 것을', 다시 말해 국가에 대한 개인의 일방적인 희생을 요구합니다.

국기에 대한 맹세에서 드러난 것처럼 한국 사회에서 국가의 영향력은 절대적입니다. 우리에겐 너무 익숙해 하나도 이상하지 않겠지만, 가령 한국어를 왜 국어라고 할까요? 국어(國語)의 한자를 그대로 풀어 쓰면 나라말인데, 나라말이 어떻게 한국어가 될 수 있을까요? 나라에는 우리나라만 있는 것도 아닌데 말이죠. 국민, 국어, 국문, 국사, 국회, 국토, 국군, 국산, 국악, 국궁, 국문학 등에도 모두 국(國)이란 글자가 들어 있습니다. 이들 단어만 보면 우리는 국가 과잉의 시대에 살고 있는 것 같습니다.✽ 국어나 국사 등의 용어는 한국인과 한국 문화를 객관화하여 성찰하는 것을 가로막습니다. 우리 것은 무조건 좋고, 우리 것을 의심하면 불온하다는 강박이 읽힙니다. 그래서 그 말들에서는 국수주의의 냄새가 짙게 풍기죠.

국민, 국어, 국문, 국사, 국회, 국토, 국군, 국산, 국악, 국궁, 국문학 등에서 국(國)을 들어내도 뜻을 전달하는 데는 아무런 지장이 없습니다. 그 대신 시민(인민), 한국어(우리말), 한글(우리글), 한국사, 의회(민회), 한국 영토, 한국군, 한국산, 한국 전통 활, 한국 전통음악, 한국문학 등을 쓰면 됩니다. 대체할 만한 표현들이 있는 것이죠. 우리는 국민학교를 초등학교로 바꾼 전례가 있습니다. 정부는 1995년 8월 11일 "일제의 잔재를 깨끗이 청산하고 민족정기를 바로 세우기 위해 국민학교의 명칭을 변경한다."라고 발표하고 교육법을 개정하여 1996년 3월 1일부터 국민학교라는 명칭을 초등학교로 바꿨습니다.✽✽

국민학교는 사라졌지만 국민은 사라지지 않습니다. 대한민국의 구성원은 언제나 국민이라는 두 글자로 호명됩니다. 시민, 대중, 민중 등의 용어가 뒤섞여 쓰이지만, 국민이라는 용어는 그 모두를 압도합니다. 심지어 많은 사람이 좋아하고 열광하는 것들에도 가리지 않고 국민을 붙일 정도죠. 국민 가수, 국민 배우, 국민 여동생(남동생) 등이 대표적입니다. 많은 이의 사랑을 받는 가수는 국민 가수로, 많은 이의 사랑을 받는 배우는 국민 배우로, 많은 이의 사랑을 받는 여자/남자 연예인은 국민 여동생/남동생으로 불립니다. 다른 나라에서는 찾아보기 어려운 명명법이죠. 사실 국민 가수나 국민 배우는 국민과 아무 관련이 없습니다. 그들은 그저 인기 가수나 인기 배우에 지나지 않습니다. TV에서는 시청자들의 문자 투표나 방송 참여 등을 일러 '국민 투표'라고 표현하기도 합니다. "국민 여러분들이 너무나도 궁금해하시는, 그리고 국민 여러분들의 선택을 기다리고 있는 자랑스러운 탑 12의 고유 번호를 공개하겠습니다."(2011년 4월 9일 방송된 〈위대한 탄생〉 중에서) 방송 시청이나 참여는 국민으로서가 아니라 시청자로서 하는 것이므로, 국민 투표 대신에 시청자 투표라고 해야 옳습니다.

'nation'의 번역어 국민은 근대 국가를 바탕으로 합니다. 대한민국 국민이라는 개념은 있지만 조선 국민이라는 개념은 없는 까닭입니다. 원래 'nation'에는 두 가지 뜻이 있습니다. 첫 번째 뜻은 국가나 나라이고, 두 번째 뜻은 국민이나 민족입니다. 맥락에 따라 국민으로 번역되기도 하고 민족으로 번역되기도 하죠.✻ nation을 민족으로 번역하면 종족의 논리가, 국민으로 번역하면 국가의 논리가 강조됩니다. 국민은 국가주의적 뉘앙스를 강하게 드러냅니다.

한국 사회에서 국가주의는 강력한 힘을 발휘하고 있습니다. 국가주의의 뿌리에는 35년의 식민지 경험이 자리합니다. 그 시절의 나라 잃은 설움은 국가주의의 거름이 되었습니다. 국가주의가 본격적으로 잎을 틔우기 시작한 건 분단 체제부터였습니다. 북한과의 대치 상황 속에서 안보의 주체로서 강력한 국가가 등장했던 것이죠. 국가주의의 위험성은 사회 구성원을 국가의 부속품으로 동원하는 데 있습니다. 일테면 교육인적자원부라는 용어가 그랬습니다. 지금의 교육과학기술부는 이전에 교육인적자원부(2001~2008)였습니다. 인적자원은 사람의 노동력을 다른 물자와 마찬가지로 생산 자원의 하나로 이르는 말이죠. 경제학이나 경영학에서는 이윤 추구라는 목적을 달성하기 위해 사람도 물건처럼 도구화, 수단화하는 경향이 있습니다. 인간의 노동력 역시 다른 생산 요소처럼 수치화하거나 대상화할 수 있다고 보는 것이죠. 인적자원이라는 표현은 그런 맥락에서 사용됩니다. 국가의 입장에서 국민은 하나의 자원일 수 있습니다. 국가라는 거대 집단을 경영하는 데 있어 국민을 수단으로 활용한다는 점에서 말이죠. 그런 의미에서 국민은 국가라는 거대 기계를 이루는 조그마한 톱니바퀴와 같습니다.

국민을 앞에 붙인 채 국가 주도로 시행하는 것들은 대체로 개인을 국민으로 만드는 데 활용됩니다. 국민의례나 국민체조, 애국조회, 국민윤리(과거 고등학교에서 배우던 국민윤리라는 과목은 지금은 『윤리와 사상』『생활과 윤리』로 바뀌었죠) 등이 과거에 그랬고 지금도 그렇습니다. 이것들의 회로 속에서 개인은 국가의 부속물로서 기능합니다. 가령 국민의례는 신체의 지배를 통해 정신을 길들입니다. 실제로 하는 행위는 가슴에 손을 얹고('국기에 대한 경례') 노래를 부르며('애국가 제창') 고개를 숙이는('순국선열 및 호국영령에 대한 묵념') 행위지만, 그 행위를 통해 국가에 복종하는 정신을 만들어 내는 겁니다. 거의 자취를 감췄다가 최근에 다시 부활한 국민체조 역시 마찬가지죠. 국민체조는 군사정권 시절에 '체력은 국력이다.'와 같은 국가주의 이념을 뒷받침했습니다. 국민 개개인의 완력이 국가의 힘이 된다는 것은 국민 각자의 신체가 국가에 귀속된다는 의미이기 때문입니다. 애국조회나 국민윤리를 통해 학생들의 몸과 정신을 길들이는 학교는 체제에 적합한 인간, 곧 국민을 길러 내는 대표적인 공간이었죠. 여기서 초등학교의 예전 명칭이 국민학교였다는 사실이 새삼스레 환기됩니다. 국가는 국민의 이름으로 개인에게 동질적 의무와 획일적 정체성을 부여합니다. 이 과정에서 개인은 국가의 구성원인 국민으로서의 '나'를 얻지만 개성을 지닌 개인으로서의 '나'를 잃습니다. 이제 개인은 국가에 철저히 귀속되고 맙니다.

국민 이전에는 황국 신민과 같은 신민(臣民)이 있었습니다. 신민은 군주(君主)에 종속된 신하로서의 백성입니다. 고려 시대나 조선 시대의 백성은 신민이었습니다. 민중은 신민에서 국민으로 진화해 왔습니다. 물론 국민이 최종 목적지는 아니죠. 국민은 시민(市民, citizen)이나 인민(人民, people), 주민(住民, resident)으로 나아갑니다. 국민은 국가와 긴장 관계를 형성하지 않지만, 시민은 국가와 긴장 관계를 유지하죠. 국민에는 국가 우위의 냄새가 가득합니다. 그러나 시민이라는 개념에는 신성불가침의 자유와 권리가 깃들어 있습니다. 즉 국가라도 함부로 침범할 수 없는 개인의 자유와 권리 말이죠. 시민의식은 국가권력을 감시하고 국가권력으로부터 개인을 보호합니다. 인민도 시민과 비슷한 의미입니다. 다만 인민은 공산주의 사회에서 많이 쓰죠. 자본주의 사회에서는 인민보다 시민이라는 표현이 더 일반적입니다. 한국 사회의 반공주의적 정치 풍토 속에서 인민은 완전히 자취를 감추었습니다. 주민은 일정한 지역에 거주하는 사람입니다. 국적이나 민족과는 관련이 없습니다. 그래서 국민이 아닌 외국인도 주민이 될 수 있습니다. 일테면 국내에 주소를 둔 외국인은 주민으로서 세금을 내죠. 그런 점에서 주민은 다민족 시대에 어울리는 명칭이라 하겠습니다.

한국 사회에는 국민으로서의 '나'는 넘치되 시민으로서의 '나'는 드뭅니다. 당신은 어느 쪽인가요? 국민인가요, 시민인가요? 민주적 토대가 약한 사회일수록 국가의 힘은 세지고 시민사회는 국가에 지배되죠. 그러나 개인은 국가의 자기실현을 위한 수단이 아닙니다. 개인은 국가를 위해 존재하는 부속품이 결코 아니죠. 개인을 위해 국가가 존재하는 것이지 국가를 위해 개인이 존재하는 것은 아닙니다. 국가는 어디까지나 내가 속한 공동체 가운데 하나일 뿐입니다. 다만 규모가 매우 크고 개인의 삶에 지대하게 영향을 미치는 공동체일 뿐이죠. 공동체의 규모나 영향력을 떠나서 개인은 공동체의 노예가 아니라 공동체의 주인입니다. 그것은 국가에도 똑같이 적용됩니다. 헌법은 그 같은 사실을 '대한민국은 민주공화국이고, 대한민국의 모든 권력은 국민으로부터 나온다.'(제1조)라고 뒷받침합니다.

한국 사회의 강력한 금기 중 하나는 국가에 대한 의문과 비판입니다. '국가란 무엇인가?'와 같은 질문을 해서는 안 되죠. 군부 독재 시절부터 오랜 세월 동안 국가에 대해 질문하면 곧장 '빨갱이'로 낙인찍혀 왔습니다['좌경용공(左傾容共)': 좌익사상에 기울어 공산주의에 동조하는 것].

국가는 당연한 것이고 국가에 대한 충성과 애국도 당연한 것이었습니다. 한마디로 국가는 질문의 대상이 아니었습니다. 물론 애국은 좋은 것입니다. 그러나 모든 애국이 다 그런 것은 아니죠. 분명 어떤 애국은 나쁩니다. 외부에서 강요된 애국, 국가만 있고 개인은 없는 애국은 위험하고 부서지기 쉽습니다. 사랑하라고 강요하는 스토커가 사랑받을 수 없듯이 애국하라고 강요하는 국가는 애국받기 어렵습니다. 모든 사랑이 그렇듯이 나라 사랑도 마찬가지입니다. 진정한 애국심은 강제가 아니라 자율 속에서만 길러집니다. 마지막으로 몽테스키외가 『명상록』에서 한 말을 전하겠습니다.

만약에 나의 조국에는 유익하나 인류에게 해가 된다면, 나는 그것을 범죄로 간주할 것이다. 왜냐하면 내가 프랑스인이 된 것은 단지 우연이지만 인간이라는 것은 필연적이기 때문이다.

걔는 따당할 만해

보통 '왕-'이라는 접두사가 붙으면 '매우 심한'이라는 의미를 띱니다. 가령 왕고집, 왕가뭄에서 '왕-'이 바로 그렇습니다. 그런데 '왕따'는 좀 다릅니다. '왕따돌림'에서 온 '왕따'는 '심한 따돌림'보다 '집단 따돌림'이라는 뜻이 더 강합니다. 아마도 여기에는 '집단 괴롭힘'을 뜻하는 일본어 '이지메'의 영향이 작용한 것 같습니다. 집단 따돌림 현상이 증가하자 처음에는 일본어를 빌려 '이지메'로 불렀는데, 나중에 '이지메'를 우리말 '왕따'가 대체하면서 둘 사이에 의미의 간섭이 발생한 겁니다.

'왕따'가 '집단 따돌림'의 의미로 굳어지면서 '왕따시키다' '왕따당하다'처럼 쓰이기도 합니다. '왕따'는 '집단 따돌림'이라는 현상적 의미와 더불어 '집단 따돌림을 당하는 사람'이라는 대상적 의미도 지닙니다. "왕따 되지 않게 조심해!"에 쓰인 '왕따'는 따돌림을 당하는 사람을 뜻합니다. '왕따'가 생겨난 뒤 따돌림과 관련해서 개따(개인적인 따돌림), 공따(공부를 잘해 따돌림), 금따(금방 따돌림), 대따(대놓고 따돌림), 반따(반에서 따돌림), 은따(은근히 따돌림), 전따(전체가 따돌림), 집따(집단으로 따돌림), 따돌이, 따순이 등도 생겨났습니다.

집단 따돌림을 당하는 학생을 두고 흔히 "성격이 이상하다." 혹은 "행동이 특이하다."라고 말하는 사람들이 있습니다. 심지어 "따돌림당할 만하다."라는 말도 서슴지 않고 합니다. 이 문제와 관련해서 실제로 학생들과 대화해 보면 의외로 '왕따의 결함'을 주장하는 이야기들을 많이 합니다. 물론 그 학생들의 입장을 이해할 수는 있습니다. 왕따당하는 이에게 아무런 결함이 없다면, 왕따시키는 쪽만 나쁜 사람이 될 테니까요. 그러나 자기 합리화의 장막을 거두면 다른 진실이 보일 겁니다. 다음 기사를 한번 볼까요. 2006년 7월 23일자 「소년 한국일보」에 실린 기사입니다.

초·중·고교생 10명 중 4명 '집단 따돌림' 경험

초·중·고교생 10명 가운데 4명가량은 집단 따돌림을 당한 경험이 있으며, 8명은 학교 내 따돌림 현상이 심각한 수준이라고 생각하는 것으로 조사됐다.

서울 시립 청소년 문화 센터가 지난 달 13일부터 최근까지 학교 폭력 전문 상담 사이트 왕따 닷컴(www.wangtta.com)을 통해 초·중·고 교생 410명을 대상으로 인터넷 설문 조사를 실시한 결과, 전체 응답자의 39.5%가 집단 따돌림을 당한 경험이 있다고 답했다고 23일 밝혔다.

또 응답자의 42.4%는 교내에서 일어나고 있는 집단 따돌림이 '심각하다'고 대답했고 '매우 심각하다'는 응답도 38.0%에 달해 따돌림 현상이 심각하다고 생각하는 학생이 80.4%에 달하는 것으로 나타났다.

집단 따돌림을 가하는 이유(중복 응답)로는 '피해 학생이 마음에 안 들어서'가 68.3%로 가장 많았고, '별생각 없이 장난삼아'(30.7%), '괴롭히는 것을 즐기고 스트레스를 풀려고'(28.8%) 순으로 드러났다.

집단 따돌림을 가하는 첫 번째 이유가 '피해 학생이 마음에 안 들어서'입니다. 물론 누군가의 행동이나 성격이 마음에 들지 않을 수 있습니다. 세상 모든 사람이 나와 잘 맞을 수는 없겠죠. 그렇다고 마음에 들지 않는 것이 따돌림당하는 사람의 잘못일까요? 백보 양보해서 왕따당하는 사람의 잘못이라 해도, 왕따당하는 학생이 여러분의 마음에 들지 않는 점을 고칠 수 있도록 한 번이라도 노력해 본 적이 있나요? 따돌리는 이들이 따돌림당하는 이들을 위해서 어떤 노력을 할까요? 아마도 거의 하지 않습니다. 그저 따돌림당하는 이들을 싫어하기만 하죠.

정말 집단 따돌림을 당하는 학생에게 심각한 문제가 있을까요? 그렇다면 우리나라 청소년 10명 중에 4명이 성격이나 행동에 심각한 결함을 지니고 있어야 합니다. 초·중·고교생 10명 가운데 4명 정도가 왕따를 당했다고 했으니까 말이죠. 10명 가운데 4명이 집단 따돌림을 경험했다는 사실에서 왕따 문제가 결함을 지닌 소수의 학생들에게만 해당되는 문제가 아님을 확인할 수 있습니다. 5명 가운데 2명은 언제든 왕따를 당할 수 있습니다. 누구든지 집단 따돌림의 대상이 될 수 있는 겁니다.

'성격이 이상하다.' 또는 '행동이 특이하다.'와 같은 말들은 따돌림을 당하는 사람 자체에 문제가 있어서 집단 따돌림 문제가 발생한다는 생각을 반영하고 있습니다. 세상에는 성격이 이상하거나 행동이 유별난 사람도 분명히 있습니다. 유별난 것은 정도의 차이일 뿐 결국 서로 다른 것입니다. 애초에 사람들의 성격과 행동은 다 다르기 마련입니다. 혹여 따돌림을 당하는 이들 중에 특별히 유별난 이들이 있더라도 이렇게 생각해야 옳습니다. 이상하고 유별난 것은 정도의 차이일 뿐 결국 '다른' 것이다, 라고 말입니다. 다른데, 조금 더 다를 뿐인 거죠.

성격과 행동이 다르다는 이유로 사람을 차별해서는 안 됩니다. 우리는 모두 다르게 태어났습니다. 다른 모습과 다른 특징을 지니고 태어났죠. 외모와 행동, 그리고 생각이 다르다고 해서 사람을 차별한다면 이 세상은 '만인에 대한 만인의 차별'로 넘쳐날 겁니다. 다른 것은 관용의 대상이지 차별의 대상이어서는 안 됩니다. 차이를 차별의 근거로 삼는 것은 잘못입니다.

어떤 사람의 특성이 다른 사람에게 피해를 주거나 타인의 기분을 상하게 한다면, 당사자에게 그 사실을 알려야 합니다. 그렇게 함으로써 당사자가 그 점을 고칠 수 있도록 해야죠. 가령 안하무인으로 다른 사람을 무시하는 사람이 있다고 칩시다. 그에게 필요한 것은 왕따가 아니라 교정입니다. 그런 태도가 타인의 기분을 상하게 할 수 있음을 깨닫게 해야죠. 그렇게 고치도록 도와야죠. 그런 사람을 덮어놓고 왕따시키는 것은 옳지 않습니다. 사실 왕따를 당하는 학생들이 모두 성격에 문제가 있는 것도 아닙니다. 오히려 따돌림을 당하는 학생들은 대부분 지극히 정상적입니다.

따돌림을 당하는 사람도 따돌리는 사람과 전혀 다를 게 없습니다. 백보 양보해서 왕따를 당하는 아이에게 결함이 있다고 하더라도, 그런 결함은 그 아이뿐만 아니라 다른 아이들도 충분히 가지고 있을 법한 결함입니다. 집단 따돌림을 당하는 학생들 가운데 성격에 문제가 있는 학생이 있다면, 따돌림을 가하는 학생들 가운데도 같은 비율로 성격에 문제가 있는 학생이 있다고 봐야 합니다. 결국 누구나 왕따의 표적이 될 수 있습니다.

물론 모두가 따돌림을 당하는 건 아닙니다. 집단 따돌림이 벌어지는 상황을 잘 들여다보면 언제나 다수가 소수를 따돌릴 뿐 소수가 다수를 따돌리는 일은 없습니다. 따돌림은 다수가 자신들이 가진 힘을 이용해 소수를 차별하고 배제하는 행위입니다. 애초에 소수는 다수를 따돌릴 수 없습니다. 그만한 힘이 없기 때문입니다. 소수에게 주어진 운명은 하나밖에 없습니다. 바로 차별받고 무시당하는 것이죠. 소수에 속할 가능성이 높은 아이가 그렇지 않은 아이보다 왕따의 희생양이 되기 쉽습니다.

보통의 아이들과 다르다고 해서 모두 집단 따돌림을 당하는 것은 아닙니다. 많은 경우 집단 따돌림은 성격의 결함이 아닌 다른 이유에서 발생합니다. 기사에 나온 10명 가운데 4명은 평균에 가깝거나 평균보다 밑도는 아이들입니다. 무엇이 밑돌까요? 여러 가지가 있을 수 있는데, 성격이나 붙임성일 수도 있고, 외모일 수도 있으며, 성적일 수도 있습니다. 아마도 가장 중요한 것은 힘이겠죠. 만약 힘이 세거나 대가 세다면 결코 왕따를 당하지 않습니다. 따돌림을 당하는 쪽은 그저 힘없고 약한 아이입니다. 집단 따돌림을 당해도 맞서 싸울 힘('육체적인 힘')이나 용기('정신적인 힘')가 없을 때 왕따는 벌어집니다. 결국 따돌림을 당하는 진짜 이유는 '다르기' 때문이 아니라 '약하기' 때문입니다. 따라서 본질은 '결함'이 있어서가 아니라 '힘'이 없어서 왕따를 당한다는 사실에 있습니다.

약해 보이는 이는 언제든 왕따라는 좀비의 먹잇감이 될 수 있습니다. 좀비에게 물린 사람이 좀비로 변하듯이 왕따 피해자는 가해자로 돌변합니다. 왕따의 경험이 피해자를 가해자로 만드는 거죠. 집단 따돌림을 당해 본 학생이 더 적극적으로 집단 따돌림에 가담합니다. 다른 이를 왕따시킴으로써 자신은 왕따의 그물에서 벗어나는 겁니다. 가해자들은 한 사람을 왕따로 만듦으로써 왕따에서 벗어났다는 안도감을 느낍니다. 누구든 왕따를 당할 수 있지만, 나는 해당되지 않았다는 안도감 말입니다.

우리가 차별의 이유로 여겨왔던 '왕따의 결함'이란 처음부터 없는 건지도 모릅니다. 본래 결함이 있어서 따돌리는 것이 아니라, 따돌리는 과정에서 결함을 찾아내 '딱지'를 붙이는 겁니다('재수 없어!'). 따라서 문제의 원인을 피해자에게서 찾는 태도는 잘못입니다. 그런 태도는 성폭력을 당한 여성에게 "다 큰 처녀가 어떻게 처신하고 다녔기에."라고 말하거나, 폭력을 당한 사람에게 "맞을 만하니까 맞지."라고 말하는 것처럼 온당하지 않습니다. 왕따의 원인은 피해자가 아닌 가해자에게서 찾아야 합니다.

그렇다고 왕따 문제의 모든 책임이 왕따시키는 학생들에게 있는 건 아닙니다. 어떤 의미에서 그들도 피해자일지 모릅니다. 우리가 살고 있는 이 사회가 바로 그 같은 폭력적 구조로 되어 있기 때문이죠. 우리 사회는 대단히 폭력적입니다. 어른들 사이에도 왕따가 존재합니다. 청소년들처럼 대놓고 하지는 않지만, 어른들끼리도 서로를 왕따시킵니다. 오히려 공개적이지 않은 만큼 더 세련된 폭력인지 모릅니다. 만약 여러분 가운데 왕따 가해자가 있다면, 그 사람은 우리 사회에 만연한 폭력의 악습을 고스란히 반복하고 있는 것입니다. 그렇기 때문에 학생들의 왕따를 나무라기 전에 어른들이 먼저 자신들의 삶과 자신들이 만든 사회를 냉철하게 돌아볼 필요가 있습니다.

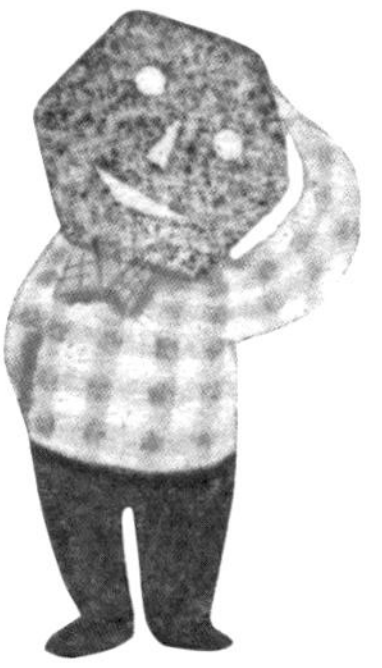

말이 세상을 아프게 한다

펴낸날	초판 1쇄 2011년 11월 29일
	초판 10쇄 2021년 9월 30일

지은이	오승현
펴낸이	심만수
펴낸곳	(주)살림출판사
출판등록	1989년 11월 1일 제9-210호

주소	경기도 파주시 광인사길 30
전화	031-955-1350 팩스 031-624-1356
홈페이지	http://www.sallimbooks.com
이메일	book@sallimbooks.com

ISBN   978-89-522-1659-5   03710

※ 값은 뒤표지에 있습니다.
※ 잘못 만들어진 책은 구입하신 서점에서 바꾸어 드립니다.